共青团上海市委员会
少先队上海市工作委员会 ◎ 编
上海市少先队工作学会

长三角名校长
公益大讲堂实录

让孩子们
成长得更好

第2辑

学林出版社　上海人民出版社

序

共青团上海市委员会书记　王宇

　　习近平总书记曾经饱含深情地指出，孩子们成长得更好，是我们最大的心愿。孩子是每一位青年家长的精神寄托，也是国家的希望、上海的未来。走进新时代，国家正在迈向高质量发展，上海正在建设卓越的全球城市，实现这些宏伟蓝图最终要靠今天的孩子们接力奋斗。今天我们培养什么样的孩子，明天我们的国家、我们的上海就会是什么样。随着经济社会高速发展，学业竞争日益激烈，青年家长不同程度存在着"教育焦虑"，而这种情绪又被传递给价值观尚未健全的孩子们，这是全社会都要共同面对、共同思考的重要问题。

　　党和政府始终关心各族少年儿童，努力为他们学习成长创造更好的条件。作为党的助手和后备军，共青团始终牢牢把握服务青年这一工作生命线，坚持把服务青年成家立业这两大根本需求作为自身工作的重中之重。研究表明，子女教育是青年家庭生活的最大压力之源、焦虑之因，继而引起未婚青年对婚姻的逃避和未育青年对生儿育女的畏惧。可以这样说，缓解青年家长教育焦虑，不但是一个社会问题，更是事关国家和上海长远发展的战略问题。作为青少年的"大学校"、青年家长的"娘家人"，把先进的教育理念、高质量的教育实践经验、具有鲜明时代特征的教育案例呈现给青年家长，帮助青年家长树立正确的教育观、成才观，形成平和理性的教育心态，缓解"教育焦虑"，是共青团、少先队义不容辞的时代责任，也是为青少年提供有效服务的重要方法和手段。正是在这样的理念下，共青团、少先队推出了"让孩子们成长得更好"名校长公益大讲堂，旨在为家长提供市场难以满足的专业权威的教育指导和咨询服务，补市场之缺，急家长所急，充分发挥共青团、少先队的独特作用和公共服务能力。

2017年下半年至2018年上半年，名校长公益大讲堂第一季、第二季活动成功举行，350余万人次的家长通过线上线下渠道聆听校长的真知灼见，17位沪上知名校长就青年家长普遍关心的教育问题作了精彩的演讲和回答，见解深刻，很有启发。2018年8月，我们出版了《让孩子们成长得更好——名校长公益大讲堂实录（第1辑）》，在全市教育界人士和青年家长群体中引起广泛反响。应广大家长要求，我们结合长三角名校长交流活动和名校长公益大讲堂第三季、第四季、第五季活动，编辑出版《让孩子们成长得更好——长三角名校长公益大讲堂实录（第2辑）》，希望能够进一步把各位知名校长的教育理念、观点、经验、案例传播给更多的读者，向全社会发出"平和理性看教育"的专业声音，让青年家长少一点焦虑，让孩子们的童年多一份快乐，把国家和上海未来的建设者培养得更好。

2019 年 7 月

目 录 Contents

少先队员们，踢足球去！

洪雨露

原上海市徐汇区向阳小学校长、全国少先队名师工作室主持人、上海市少先队工作学会副会长、上海市教育人才交流协会副会长、上海市特级校长、上海市特级教师，曾获全国优秀少先队辅导员、全国中小学德育工作标兵、全国少年儿童工作杰出贡献奖、上海市劳动模范、上海市未成年人思想道德工作先进等荣誉称号，主要著作有《兴趣教育探索》《当好大队辅导员》《尊重理解学生100例》《洪雨露少先队教育文集》《玩的教育》《实践育人》《优秀辅导员成长之路》等。

我担任校长 28 年，始终倡导"快乐教育"理念，在场地狭小的校园里把足球运动开展得有声有色；我坚信"体育成绩第一成绩"，以体育带动素质教育。从 1996 年开始，向阳小学每年主办上海市"向阳杯"小学生足球赛，推广"三人制足球"活动。向阳小学推广足球 20 多年后，终于迎来了国家大力推动校园足球的政策支持，校园足球开启了举国模式。校园足球真正要普及，最关键的是决策者的思想转变。我们教育人要大力开展校园足球，让孩子们踢足球去！

—— 校长观点 ——

❝爱玩，爱活动，是孩子的天性。❞

少先队组织的生命力在于活动

少先队的活动越丰富多彩，越能吸引队员，并且把他们紧紧凝聚、团结在少先队组织里。

　　少先队员爱玩、爱活动，这是他们的天性和权利，尊重理解他们，就要尊重理解他们的这一喜好。少先队组织的各级辅导员们，让队员们好好玩吧，快快乐乐活动吧，这是我们的光荣职责和教育育人的重要任务。

　　在少先队各类活动中，首先要强调的是体育活动，体育活动中首先要推出的是"红领巾快乐足球"活动，这不仅是少先队的光荣传统，也是我们今天必须重视的一项十分有价值的、有意义的、了不起的工作。

── 校长观点 ──

❝'红领巾快乐足球'活动是一项有价值、有意义、了不起的工作。❞

—— 校长观点 ——

"少先队应该身体力行，有所作为。"

为何要大力倡导 "红领巾快乐足球" 活动？

第一，党和国家十分重视校园足球工作。习近平总书记曾多次作出指示，李克强、刘延东等国家领导人曾多次作过重要讲话，尤其是 2014 年 11 月 26 日，全国召开青少年校园足球工作会议，号召掀起全国亿万青少年踢足球的热潮。2015 年国家由通过了《中国足球改革发展总体方案》。可以说，足球梦是中国梦的重要组成部分，中国足球搞上去，全国老百姓才满意，而中国足球进步发展的基础，就在于今天青少年的实际活动。为实现这一目标，我们各级少先队组织应该身体力行，有所作为。

第二，足球运动不仅是一项运动，更是一种精神。开展"红领巾快乐足球"活动，不仅可以为中国足球的发展打下扎实的群众基础，更可以通过足球运动立德树人，培养一代全面发展有素质的人：身体好，心理健康，勇

敢顽强，有战略大局意识，有爱国责任心，有团队合作能力，有个性鲜明的特长等。中国足球强，中国体育更强；中国足球强，中国更有大国形象；中国足球强，中国教育更强。"青少年强，国家、民族才有希望和未来。"

第三，校园足球普及是素质教育的重要载体。现在国家教育部及各级教育行政部门已经十分重视校园足球工作，希望通过足球普及让孩子动起来，带动他们身体素质的提高。校园足球的普及，将成为衡量办学先进与否的重要标志之一。各级少先队工作委员会，各级少先队组织更要雷厉风行，号召并带领、策划并组织各种各样的"红领巾快乐足球"活动。少工委委员们，少年部长们，辅导员们，老师们，我们首先自己要热爱，"热爱是最好的老师"，我们热爱了，队员们才能动起来，"野蛮其体魄，文明其精神"。我们一定要大声疾呼："队员们，到操场上去，到阳光下去，到大自然中去，快快乐乐踢足球去！"

—— 校长观点 ——

" 野蛮其体魄， 文明其精神。"

如何开展"红领巾快乐足球"活动？

—— 校长观点 ——

" **热爱是最好的老师。** "

针对在开展"红领巾快乐足球"活动中可能遇到的几个常见问题和困惑，我谈一些想法。

（1）队员们现在不会踢足球怎么办？不会踢足球，可以慢慢学，本领是一点一点学会的，兴趣爱好是培养出来的。

（2）学校场地小怎么办？小场地照样可以踢，我二十多年前就创造了在小场地上踢"三人制"小足球的做法，总结了经验，在上海市进行了推广，有成千上万个孩子参与，得到了足球界专家的高度认可。甚至小弄堂里也可以踢足球，巴西球王贝利就是从小场地上踢出来的，小场地对足球脚法的要求更高。

（3）踢足球会影响学习吗？只要合理安排好时间，队员们完全可以做到读书和踢球两不误。踢球要动脑子，球踢得好的孩子往往聪明，学习成绩也不会差。我相信，未来的中国足球国家队员，都会至少是大学学历。

（4）缺少教练怎么办？现在各级教育行政部门正汇同各方体育部门着手解决这

一问题，为中小学校至少配备一名教练员，从现任的体育老师中选拔，加快培养速度。许多专职足球人士十分热心从事校园足球工作，不少足球俱乐部纷纷建立自己的青少年足球梯队，将眼光瞄准了中小学校。可见，师资的问题可以逐步解决。踢球的孩子中间，也可以"官教兵、兵教官、兵教兵"，相互交流，共同提高。

（5）踢球受伤怎么办？任何运动都可能受伤，只要大家重视足球运动的科学性，合理地去锻炼，完全可以避免一些不必要的受伤，越是经常锻炼的人往往不太容易受伤。可喜的是现在的教育行政部门及中小学已经逐步将学生运动保险制度建立起来，即使踢球受伤，受伤者也会得到一定保障。

（6）家长不支持怎么办？要赢得广大家长对"红领巾快乐足球"活动的支持，就应该加大宣传。如今，家长的教育观念也在转变，他们不希望自己的孩子"高分低能"，他们希望自己的孩子全面发展，更有一技之长。在当今的教育背景下，只要我们宣传到位，会有越来越多的家长支持自己的孩子去踢足球，去阳光下锻炼。

海阔凭鱼跃，天高任鸟飞。

中国足球的春天已经到来。

"红领巾快乐足球"的春天也离我们不

—— 校长观点 ——

❝ 既要全面发展，更有一技之长。❞

远了。

重视校园足球的少工委主任、部长是好主任、好部长。重视红领巾校园足球的校长、辅导员是好校长、好辅导员。支持孩子踢足球的家长是好家长。

少先队员们，踢足球去！

让我们共同努力吧！

焦虑，惊起一滩"思绪"

王东敏

　　江苏省南京市竹山小学校长，江苏省特级教师、中学高级教师、江苏省优秀教育工作者、江苏省"333 高层次人才培养工程"培养对象，曾参与江苏版义务教育课程标准数学实验教科书的编写工作。近年来，他把自组织理论引入学校教育和管理工作，提出"自组织"的教育教学观，开展"自组织课堂""自组织教学""自组织管理"的研究，形成了鲜明的管理风格和教育教学主张。

—— 校长观点 ——

" 焦虑成了当下普遍的社会现象。"

曾经的我们生活在多子家庭，大家都为温饱忙活着，没有闲暇焦虑，偶尔听到看到衣食无忧的西方发达国家，时不时有活的好好的人自杀的新闻，真觉得无法理喻。转瞬，我们进入独子家庭结构，"80后""90后""00后"，一茬茬打生下来就吃穿不愁，爷爷奶奶公公婆婆外加父母，六个大人围着，从小到大一切现实事务都被替代了，除了学习、补课，没有机会独立面对、处置生活中哪怕小的事务、小的困难，更不要说"历练"。突然发现，我们的孩子很孤独，我们的大人很焦虑，我们这个社会也似乎有精神疾患了，凡此种种，互为传导，焦虑竟成了当下普遍的社会现象。怎让人不惊？

焦虑是个啥?

焦虑是人类一种正常的情感反映。从心理学上讲，是人对现实或未来事物的价值特性出现严重恶化趋势所产生的情感反映，其中含有着急、挂念、紧张、不安、忧愁、恐慌、烦恼、不愉快等成分。与之相反的情感形式是企盼，企盼是人对现实或未来事物的价值特性出现明显利好趋势所产生的情感反映，企盼让人愉快。焦虑的客观目的在于引导人如何迅速地采取各种措施，紧急调动各种价值资源，以有效阻止现实或未来事物的价值特性出现恶化趋势，使之朝着利好的方向发展，事过境迁、焦虑就可能解除。可见，焦虑是人类在进化过程中形成的一种适应及应对环境

—— 校长观点 ——

❝焦虑是人类在进化过程中形成的一种适应及应对环境的情绪和行为反应方式。❞

—— 校长观点 ——

**" 孩子是家
庭的镜子。"**

的情绪和行为反应方式。但是过度的焦虑
或过弱的焦虑就会形成情感性或生理性疾
病，引起人的紊乱。

我们为什么焦虑?

住房、养老、工作、收入、家庭等诸
多因素，都会引人焦虑，但就当下
中国，引起国民整体焦虑，遥遥领先排第
一的一定是子女受教育。社会资源巨大的
分配落差，教育环境的不平等，优质教育
资源的匮乏，不能输在起跑线上，抚养孩
子的种种烦恼，裹挟激荡着大众。君不见，
学区房被炒到了何等地步，"培训班"成了
人民群众反映最强烈的问题，"月薪三万撑
不起孩子的一个暑假"引爆朋友圈……"孟
母"见了也会怀疑是不是当年带了个"坏
头"。2005 年，中国社科院曾出过一个报告，
称中国普通家庭将一个孩子养育成人需要
花费 49 万元，其中除了基本的生活医疗费
用，剩下的全是教育经费。经过 13 年的发
展，GDP 总量已从当年的 18.2 万亿元，增
加到 2018 年的 90 万亿元，生养一个孩子
的成本更是可观。2016 年时，有个统计，
"北上广深"家庭养育一个孩子的成本均超
过 200 万元，排名第 10 的长春市也达到

121.5 万元。

任你如何淡定、潇洒，一旦为人父母，谁愿意自己的孩子低人一等？从胎教开始，琴棋书画机器人奥数英语跆拳道一个都不能少。来看一位年轻妈妈的经历：由于家里经济条件一般，这位妈妈一直没让在民办小学就读的儿子参加国外游学活动，到六年级时儿子是全班唯一没出过国的。每次开学，同学们都会交流假期生活，分享出国经历，儿子总插不上话，成了"异类"。妈妈了解情况后，急忙花三个月的工资让儿子参加了一个国外暑期的游学项目。换成你，你能泰然处之吗？

毋庸置疑，我们这个社会总体是趋好的，但平凡者的生存空间似乎越来越小。于是，家长们孤注一掷，结果焦虑不堪。

你是一位焦虑的家长吗？

华东师范大学陈默教授常用三个问题测试家长的焦虑程度：（1）如果你听说一位数学名师最近开班辅导，他辅导过的孩子都考进了名校，而你没有他的联系方式，你会着急地到处找吗？（2）你和孩子一起在饭桌上，是不是要么不说话，只要说话，哪怕绕 100 句也会绕到学习上？（3）

—— 校长观点 ——

" 重视教育是中国家长的优点，但往往容易重视过头。"

—— 校长观点 ——

> **焦虑的家长都有共同的特点：过度的责任心和或多或少的攀比心。**

孩子班上谁语文成绩最好，谁奥数成绩最牛，你是不是都很清楚？如果三个问题的回答都是"是"，那么基本可以确定你是一位焦虑的家长。实际上，焦虑的家长都有共同的特点：过度的责任心和或多或少的攀比心。如果家长很"大条"，那是不会焦虑的。但重视教育是中国家长的优点，并且往往重视过头，还会自觉不自觉地把希望寄托在孩子身上，让孩子实现自己未竟的理想，这就把自己和孩子都套上了枷锁，很多时候沉重到崩溃。

你的孩子焦虑吗？

敏感、自省、自我要求高、完美主义者，具有这些特点的孩子，一旦自我实现出现障碍，愿望和现实产生距离，就容易陷入焦虑。如果有自我修复的宽松环境，或者有好的帮助和引导，加上与生俱来的自我平衡能力，孩子是能走出焦虑的，有时甚至愈挫愈勇。不幸的是，具有如此特质的孩子的父母也具有这种特质，面对孩子的"落差"，往往表现得更焦虑。这样，孩子将置身高危的焦虑环境，很难自我平衡，自我修复。

家长克服焦虑小贴士

对策一：换位思考不焦虑。孩子是家长的影子，孩子是家庭的镜子。通常，有怎样的父母亲就有怎样的孩子，有怎样的家庭就有怎样的孩子。很多时候，做孩子的已经比同年龄期时的父母优秀了许多，可我们做父母的还是认为孩子不够好，不如某某某好。这是不客观的。想想，儿时的自己什么样，要求孩子的，当年自己也没做到啊！所以，要正确审视孩子，所提要求，跳一跳能"摘到"，不脱离实际，不把自己无法企及的愿望，或者说梦想，要求孩子，逼孩子去实现。这真的不公平。你非这么认为的话，结果是挫伤了孩子，抑郁了自己。如果孩子比较努力地尽到自己作为孩子的责任，就该得到褒奖。

对策二：精神指引不焦虑。很多家庭，一方或者双方在外打拼，再苦再累也想着给孩子提供好的条件，很不容易，也很伟大。孩子谁管呢？丢给老人，或者由一方负责（通常是母亲，并且有很多母亲不上班，专门照顾孩子）。孩子好倒罢，不令人满意时，努力挣钱养家糊口的自觉占了道德高地，会抱怨会宣泄"专门管孩子，别

—— 校长观点 ——

❝ 要正确审视孩子，所提要求，跳一跳能'摘到'，不脱离实际。❞

的什么不用烦，也管不好"。我认为，教育孩子，父亲是父亲的角色，母亲是母亲的角色，都不可或缺。我们设想，一个三口之家，工薪阶层，日子不宽裕，但夫妻相互搀扶，乐观地面对生活，和孩子共进早中晚餐，有充分的时间和孩子交流，陪着欣赏着孩子写作业，共读一本书。或者，家庭很富足，孩子睡着了，父母亲还没回家，孩子上学去了，父母亲还没起床，一个月也没几次一家三口共同进餐。前者有亲情，更利于孩子成长。还有丢给老人们的，如果是生活艰难使然，倒能理解，但今天更多的是年轻的父母们图潇洒，"娱乐至死"，造成父亲、母亲角色缺失，这是非常不负责任的。举个例子，初上幼儿园，父母亲克服困难自己带的孩子，一般哭两三天，就正常了；而完全由老人一把屎一把尿带大的，两个月后还在哭，找出种种理由不肯上学，还不好好吃饭。所以，不管父亲、母亲，都要顾家，要创设好的家庭氛围，相较物质的富足，精神的陪伴与呵护更重要。

对策三：对症下药不焦虑。通常，孩子的水平是相对固定的，一张试卷，考了八十几分，订正、指导后，换一张同等难度的试卷，还是八十几分。所以，失分一定是有原因的，并且失分的原因不那么容易根除。

举个小学数学的例子：最常见的对孩子的指责，"计算也算不对，粗心唉"。真这样吗？来看"5.3 + 2.9 – 0.9"和"5.3 – 2.9 + 0.1"两道题，题一先算后面的也行，并且还简便；题二先算后面的却不行，如果为了"简便"，先算后面一步，就错了。为什么前者可以"从右往左"，后者只能"从左往右"呢？不能驾驭的孩子在这上面可犯迷糊了，当参与运算的数是分数时，更甚。对此，我们通常是反复告知，反复练习，甚至强迫记忆，学得累，教得苦，效果还不好。犯迷糊，是因为没体认其中的道理，什么道理呢？一是运算的意义，即加减法的意思；二是算式的意思；三是计算顺序所体现的意思。像"5.3 + 2.9 – 0.9"，好比"左口袋有5.3元，右口袋有2.9元，用去0.9元，身上还有多少元"。于是有"从右口袋中掏钱付"——5.3 + (2.9 – 0.9)；"从左口袋中掏钱付"——(5.3 – 0.9) + 2.9；"把两个口袋里的钱都掏出来，合并成8.2

—— 校长观点 ——

❝ 不管父亲、母亲，都要顾家，要创设好的家庭氛围，相较物质的富足，精神的陪伴与呵护更重要。❞

元，再付"——（5.3 + 2.9）– 0.9。前者，加在前，减在后，从右向左算也行；中者，加数 2.9 和减数 0.9 可以交换位置；后者，恰恰表明，同级运算，要从左往右依次算。这样的运算顺序变化，对应着丰富的算法，支撑了此类式题的各种"简便算法"。对于"5.3 – 2.9 + 0.1"，好比"一个文具盒 2.9 元，口袋里有 5.3 元，恰逢促销：消费满 2 元返还 0.1 元，那么买一个文具盒后还剩多少元"。于是有"先付再返还"——（5.3 – 2.9）+ 0.1；"先拿到返还的 0.1 元，再付"——（5.3 + 0.1）– 2.9。前者表明"从左往右"；后者表明减数 2.9 和加数 0.1 可以交换位置。而从右往左先算加法似乎简便的"5.3 –（2.9 + 0.1）"，则是错误的，因为这样不但付了文具盒的 2.9 元，还又多付给商家 0.1 元，与事理不合。

看出来了吗？算法基于算理，算理离不开事理，当纯粹的算式或抽象的方法不为孩童识别时，要给予"故事情节"，寻求算理、事理的支撑，否则只能让孩子与数学渐行渐远。看到了吧，给孩子排忧解惑的针对性指导有多重要。可惜常见的，要么是父母不耐烦居高临下的"武断"——这么容易也错，要么送辅导班刷题，哪知孩子理解上的挣扎与痛苦。你不体会孩子，

—— 校长观点 ——

" 当纯粹的算式或抽象的方法不为孩童识别时，要给予'故事情节'，寻求算理、事理的支撑，否则只能让孩子与数学渐行渐远。"

孩子就会越来越封闭，你当然越来越焦虑。

对策四：自我反思不焦虑。孩子的成长是在身体、心理、智力、学识等方面，不断失衡、平衡，再失衡、再平衡的过程，相较未成年人，做父母的更稳定、更成熟，理应给孩子更多理解，更多支持，怎么才"理解"呢？怎么才"支持得当"呢？"吾日三省吾身"。

—— 校长观点 ——

"要求孩子做到的，家长自己要做到。"

我真听明白孩子跟我讲的话了吗？孩子讲时要立即停下所做的事，认真听，否则等你想了解孩子时，孩子会屏蔽你；孩子讲完，要确认有无误解，曲解误会孩子的意思会产生冷战、对抗；孩子讲了真话，让孩子感觉到"利"了吗？如果趋"害"，那后面渐渐就听不到真话了；孩子所讲的酸甜苦辣、悲喜烦闷，你和孩子"共情"（对孩子情绪的理解）了吗？越是不开心越要共情，冷下来再讲对错。

我成为孩子的榜样了吗？要求孩子做到的自己要做到，不能例外，只要求孩子不要求自己不行。虽说成年人有成年人的生活，但为教育孩子，做父母的要割舍一些诱惑，做一些"牺牲"，也要做个好学生。要求孩子学习日晚上不看电视，休息日少看电视，自己在连续剧上下不来；要求孩子不迷恋上网，不沉迷游戏，自己离

—— 校长观点 ——

❝吾日三省吾身。认真听明白孩子跟我讲的话了吗？我成为孩子的榜样了吗？我的干预孩子认可吗？❞

不开手机；要求孩子多阅读，自己从不阅读，读也是读"花边""狗仔"；要求孩子尊重父母，自己呵斥老人；要求孩子要学会独立，自己"啃老"；要求孩子友善待人，两口子经常为家庭琐事恶言相向……如此这般，会在教育孩子问题上一步步走向焦虑。

我的干预孩子认可吗？人的成长史就是一部烦恼史，孩子成长是与烦恼结伴而行的，经历一个又一个烦恼，孩子才会一天天长大。既然烦恼是孩子成长的真实环境，我们也不必刻意过滤，就让孩子多经历烦恼的历练。但孩子终究是孩子，有了烦恼，我们不能不作为，也不能过度作为，合理的引导非常重要。何谓合理？不能以"爱"的名义越俎代庖；适当示弱，让孩子强起来；要和"小大人"商量，鼓励小大人自己拿主意；不要简单地判别好坏对错，要辩证地看待问题。

对策五：温故知新不焦虑。熊孩子总是有的，家有熊孩子怎么办？应该看到，熊孩子往往只是学业上让父母不满，其余方面还是有很多美好的。但现实生活中，原本和美的家庭，因为孩子上了学，因为孩子学习很不好，结果"埋怨"成了家庭生活的主旋律，搞得整个家庭气氛不好，很划不来。有没有注意，翻翻孩子过去的照片视频，聊一聊孩子小时候的过往家事，会发现健康快乐比什么都重要。

对策六：不随"培训班"起舞不焦虑。"培训班"真称得上热词啊！搅得中国家长为之欢喜为之忧。想想我们是怎么走上培训班之路的。孩子真的有兴趣有需求，遍访名师。可渐渐变了味道：看周围孩子学这学那，自己坐不住了；自己没时间、精力指导孩子，就花点钱找人指导，感觉心里有了补偿，自我救赎。于是平时放学上托班，周六、周日赶辅导班，孩子们的时间被填得满满当当。坦率讲，除非孩子有主动精神，否则依靠辅导班，不能提高孩子的实质水平。给孩子留点空不是坏事，人的成长需要有足够独立自主的闲暇时光，自由地阅读，同伴间嬉戏、不出格的疯玩……这些都和上课同样重要；同伴互助是孩子学习、成长的重要方式，哪怕偶尔闯点小祸，鼓励孩子们互相串串门，只要不放纵；学什么要尊重孩子的感受，让他去尝试，试了不行不强求；学习功课最重要的时光在课堂，倚仗课外那是炒冷饭；教育孩子不在于指导其具体的题目，父母看看书、读读报，一个学习型家庭最有助孩子的成长。

—— 校长观点 ——

" 给孩子留点空不是坏事，人的成长需要有足够独立自主的闲暇时光。"

重视少先队工作，让孩子成长得更好

郁培林

安徽师范大学附属小学校长，安徽师范大学小教集团主任，芜湖市首届优秀校长，芜湖市郁培林名校长工作室主持人，长三角名校长实训基地主持人。

大家好！今天我和大家交流的内容是"重视少先队工作，让孩子成长得更好"。

安徽师范大学附属小学，是安徽省教育厅的直属小学，学校有近 70 年的办学历史。目前，学校在校学生数为 3362 人，教职员工 180 名。少先队工作是学校工作的重要组成部分，是学校落实立德树人教育目标的重要内容。如果没有小学阶段在学校教育中自觉的思想引领，就不可能培养出具有良好政治意识、符合国家和时代发展要求的合格公民。

近年来，在学校德育领导小组的领导下，我校主动寻求安徽师范大学教育科学学院的智力支持，特聘教科院少先队研究专家辛治洋教授（全国少先队名师工作室主持人、安徽省少先队副总辅导员、少先队工作学会副会长）为校长助理，充分依靠学校大队和骨干中队辅导员组建专家团队，协同创新，认真设计、规划并扎实推进学校少先队工作，以思想引导为灵魂，坚持开展组织教育、自主教育和实践活动，取得了较好的工作成效。下面我想从三个方面来谈一谈我们附小少先队工作的开展情况。

完善工作机制，让少先队工作有条件，有阵地，有平台，强保障

2011 年，我校南迁至新校后，就明确了学校德育工作领导组作为学校少先队工作管理机构，实施对少先队工作的领导。2017 年，又根据《少先队改革方案》的要求，成立了由党政领导、大中队辅导员和

—— 校长观点 ——

❝ 如果没有小学阶段在学校教育中自觉的思想引领，就不可能培养出具有良好政治意识、符合国家和时代发展要求的合格公民。❞

—— 校长观点 ——

66 学校抓住新校建设的契机，强化并不断完善了少先队工作的条件、阵地、平台和保障工作。99

志愿辅导员、家长代表等参加的学校少工委。为了把少先队各项工作落到实处，学校抓住新校建设的契机，强化并不断完善了少先队工作的条件、阵地、平台和保障工作。学校每学年召开一次少先队代表大会（简称"少代会"），少先队员代表征集队员意见建议，向大会提交红领巾小心愿、小建议，实行民主选举，定期轮换，培养骨干。

学校不断完善少先队基本组织制度，规范基础队务，加强少先队标准化建设。秉持我校生本教育的理念，近年，我校让少先队员参与建设和管理的教育条件、阵地和平台有：少先队规范队室、队角、红领巾监督岗、光荣榜、红领巾信箱、班级黑板报、晓荷广播站（校园广播站）、晓荷电视台（校园电视台）、学校宣传橱窗、学生艺术展馆，等等。

与此同时，我校还与市消防支队、交警大队和解放军高炮旅等合作共建校外实践体验基地；与社会公益机构"爱邻工社"和手拉手扶贫学校安庆宿松县光荣小学共建公益活动基地；此外，学校还把王稼祥纪念园、神山革命烈士纪念园、芜湖博物馆、芜湖好人馆等作为爱国主义教育基地。这些条件、阵地及平台建设，为我校少先队开展各类教育活动提供了常态化的、强有力的支持，同时构成了学校对少年儿童进行思想引领和情感体验的重要途径和基本工作方式。

构建课程体系，让少先队工作有目标，有方案，有内容，成序列

学校教育，课程是核心。根据《少先队活动课指导纲要》和全国少工委《关于推进少先队活动课程建设的通知》以及《关于区域化推进少先队活动课建设的通知》要求，2013年，我校就积极推进少先队活动进课表工作。为此，学校专门申请了省级课题《少先队活动课进课表的实践研究》，此课题被确定为2014年安徽省教育科学研究重点项目。

经过三年的研究与实践，达到了预期的研究和工作目标，即少先队中队必修课顺利进课表。我们把《少先队活动课指导纲要》中的"学会感恩""榜样力量"和"民主参与"等9个主题纳入中队必修课体系之中，同时，扩展了"行规养成教育"和"安全教育"两个主题。基于区别年级层次实施不同教育主题的教育思想，我们完成了16个主题下的1—6年级共96篇活

—— 校长观点 ——

" 学校教育，课程是核心。"

—— 校长观点 ——

"信仰建设和核心价值观的培育，需要长期教化。"

动方案设计，并在校内进行一轮完整的实践探索，并根据具体的实践情况，作出了相应的完善工作，最终形成了42万字的《"少先队活动进课表"活动设计和优秀论文集》等固化成果，作为我校中队辅导员平时在"课表"里实施教育的重要参考。

与此同时，学校规定每周三上午第四节为队班会，分年级实施有统一主题的少先队活动课。大队层面，学校还进一步完善了大队必修课"国旗下讲话"的方式方法，将过去单一的"讲话"形式，转型升级为"讲一演"等形式，既讲又演、且歌且舞，受到了学生的欢迎，实实在在地提升了大队必修课的教育品质。这一系列举措，有力地推动了少先队活动课作为一门课程进入课表而实施的学习。

开展特色活动，让少先队工作有方向，有温度，有童趣，重实效

信仰建设和核心价值观的培育，需要长期教化。在活动中"教化"，润物无声，事半功倍。多年来，我校充分依靠学校德育室、大队部和中队辅导员等管理和教育力量，在少先队员中开展一系列主题鲜明、生动活泼、丰富多彩、独具特色的

教育实践活动，在引导学生树立远大理想，形成坚定信念，提升综合素质等方面发挥了重要和独特的作用。

多年来，我校一以贯之开展的"我为红领巾添光彩""向习爷爷说句心里话""红领巾心向党"等活动，就是要在少先队员们幼小的心灵中培育爱党爱队的美好种子。

多年来，学校精心策划并认真组织了经典系列诵读、红领巾小创客、红领巾小书虫、六一趣味游园、庆元旦班级联欢、生肖邮票设计大赛、无动力小车比赛、科幻画比赛、艺术作品展、学生运动会以及各类社团活动等，在这些活动中，队员们不仅提升了综合素质，而且也收获了丰富的情感体验。

小商品交易会是我校为孩子们精心打造的旨在培养孩子爱劳动、勤俭节约、真诚友善交往等包含多重教育意涵的品牌活动。这项活动我们坚持了 18 年。近年，我们又丰富活动的内容，将过去单纯的小商品的折价买卖扩展为学生义卖、义捐活动，旨在培养少年儿童的社会责任感和爱心。

—— 校长观点 ——

中小队活动不仅促进了孩子们彼此之间的交往，而且更使他们获得了探求新知、开阔眼界、启迪智慧、涵养生命、纯净心灵、与同伴共成长的意义。

实施"情暖童心"工程，开展"新生入学式""我为弟弟妹妹系上红领巾""向梦想启航——毕业典礼"等系列活动。队员们在这些活动中体验到激动、喜悦、感恩、离别、不舍等各种美好的情感，收获真情和友谊，为他们成长过程的每一个重要节点打下靓丽底色，努力创造属于孩子们的幸福童年。

为了让孩子成长得更好，学校支持鼓励各中队辅导员大胆实施少先队工作创新，各中队积极参与"动感中队"的创建活动，涌现出一批特色中队，例如："满天星阅读中队""小书虫中队""小健将中队""日行一善中队"等。其中，我校的四（一）中队在辅导员王立蓉的指导下，开展了"榜样在身边""我是最棒的小主人""我是运动小达人"等一系列活动，教育成效凸显，被授予"全国动感中队"荣誉称号。

多年来，我校涌现出了宋玲、李静等一批优秀中队辅导员，他们各自在所在的中队开展"爱心银行"和"道德银行"等特色活动，建立少先队员成长档案，创新推广雏鹰奖章体系，在培养孩子的爱心和社会责任感以及行为规范的养成教育方面，起到了积极的促进作用。"爱心银行"活动还受到了市、省和国家媒体《中国教育报》

的关注。

学校激发调动和支持各中队家委会实施丰富多彩的校外体验课程，也是我校少先队教育的一大亮色。例如，2016届毕业的六（四）中队在辅导员胡玲的带领下，充分依靠家委会开展中队和小队活动，队员们在校六年间开展了"走进军营""爱入深山""国庆千人诵读——为中华崛起而读书"等几十次有特色的集体活动。这样的中队活动和小队活动不仅促进了孩子们彼此之间的交往，而且更使他们获得了探求新知、开阔眼界、启迪智慧、涵养生命、纯净心灵、与同伴共成长的意义。

这些有方向、有温度也有童趣的活动，我校的少先队员们都乐意参与其中，在参与中体验，在体验中实现自我教育和生命成长的价值。

鉴于我校家长和家委会开展的富有成效的教育实践活动，我想，给更多的家长朋友们提出倡议：为了让孩子成长得更好，家长朋友和班级家委会在校外积极开发区域内和区域周边的教育资源，设计和组织好符合儿童成长需要的特色主题活动，可以与学校教育相辅相成，和谐共振。家长在实施家庭教育中，要自觉摒弃过于看重分数的教育观念，要真正树立起"成人教

—— 校长观点 ——

"家长在实施家庭教育中，要自觉摒弃过于看重分数的教育观念，要真正树立起'成人教育'比'成才教育'更为重要的教育观。"

育"比"成才教育"更为重要的教育观，把爱心的养育、社会责任感培养和核心价值观的引导放在家庭教育最重要的位置，补齐家庭教育一向只重视智育而轻忽德育、美育、体育和劳动教育的短板，为孩子的成长插上让其飞得更高、更远的翅膀。

"公益积分制"：落实立德树人的有效载体

潘志平

浙江省杭州市公益中学、杭州市育才外国语学校校长、书记，38 年来一直追求"做学生喜欢的好老师"，1994 年开始担任校长来，致力于"做有亲情的好教育"。现任全国教育战略学会区域教育专委会理事、浙江省德育学会家庭教育分会副秘书长、浙江"家长学校"常驻专家、杭州师范大学硕士生导师、杭州市第十三届人大代表，浙江省特级教师、正高级教师。曾获全国师德先进个人、全国外语实验学校优秀校长、浙江省师德楷模、浙江省中小学优秀青年教师、浙江省家庭教育先进个人、杭州市首届十佳校长等荣誉。

主要研究学校亲情教育、家庭教育、优秀传统文化传承，专著《一位智慧校长给家长的 50 封亲笔信》入选 2018 全国家庭教育影响力图书 TOP 榜，近年来，为全国 30 个省市的校长、教师、家长、学生做讲座 300 多场。

"让孩子们成长得更好"一直是我们教育工作者和家长们的共同心愿，近年来，我们杭州市公益中学成立了浙江省第一家以学校命名的公益爱心基金会，在全国首家制定并实施了"公益积分制"，致力于养育孩子的"公益心"，今天我就和大家分享一下我们的做法和感悟。

"先学做人，后学知识"的公益初心

听到"杭州市公益中学"这个名字，您可能会好奇地问，我们学校为什么叫"公益中学"呢？

我们学校创办于 1995 年，是位于杭州市西湖区、毗邻西溪湿地的一所知名民办初中，现有 33 个班级、1500 名学生，其

—— 校长观点 ——

❝始终把'教会学生学做人'放在首位。❞

中少先队员超过 1000 人。我们的首任校长曾说，教育是公益事业，应该取之于社会，回馈于社会，"公益中学"因此得名，并确定了"先学做人，后学知识"的校训。

2018 年 9 月 10 日，习总书记在全国教育大会上的讲话中强调了"培养德智体美劳全面发展的社会主义建设者和接班人是教育的根本任务"，少先队队歌的第一句就是"我们是共产主义接班人"，少先队是初一初二同学自己的组织，是完成教育根本任务的中坚力量。近年来，我们积极探索，依托少先队组织，首创了"益动中学——公益积分制"，以此作为培养社会责任感、引领学生学做社会小主人的重要平台和有效载体，旨在教育引导学生培育和践行社会主义核心价值观，踏踏实实修好品德，成为有大爱大德大情怀的人。

—— 校长观点 ——

"教育是公益事业，应该取之于社会，回馈于社会。"

—— 校长观点 ——

66 让孩子快乐地学习，办学生喜欢的学校。99

因此，我们学校对少先队工作保证做到"有人有钱有事干"。"有人"是指少先队的总辅导员是学校班子的重要一员，在每周的行政班子会上有话语权；"有钱"是指"只要有需要、只要符合财务政策"，少先队所需的经费一分都不打折扣；"有事干"是指完全把少先队的工作融入在全校的中心工作中，如近年来我们把依靠少先队开展的"益动中学——公益积分制"作为培养社会责任感、引领学生学习做社会小主人的重要平台和有效载体。

"公益积分制"满足了学生的情感体验需求

66 公益积分制"是我校对当前学生所表现出的情感淡漠问题进行了深入思考后，基于孩子需要付出爱的机会以感受爱这一出发点，结合学校始终把"学做人"放在第一位的育人理念和多年公益活动的实践经验所提出的方案。

对于现在的初中学生，很多人觉得他们存在不懂事、不知道感恩、总以自我为中心、只会埋头做题等问题，归根结底是因为他们情感淡漠，缺乏爱心。著名作家、心理学家毕淑敏对此有更深刻的见解，她在《孩子为什么会越来越淡漠》中指出，现在我们对孩子的关心可以说已达到了最高值，但是令人伤感的是孩子们却撇着嘴说"不，好像没觉得谁爱着我们"。而当她进一步询问孩子，在什么时候感到别人是爱自己的，没想到孩子们的回答晴朗坚定。

翘翘辫女孩的回答是"帮妈妈买醋回来，妈妈说'闺女能帮妈干活了'的时候"；光头小男孩的回答是"爸爸下班回来给他倒了一杯水，爸爸说了一句'好儿子'后就流泪了的时候"；另一个女孩的回答则是"给奶奶耳朵上面夹了一朵花，奶奶看见人就说'这是我孙子给我打扮的呢'的时候"。

三位孩子的答案颠覆了很多人原先对孩子的那些偏见——人之初，性本善，不是孩子情感淡漠，缺乏向善之心，而是我们没有找到合适的途径，缺乏正确的方法。长辈总一味地给予孩子无微不至的爱，却忽略了"付出爱"往往比"接受爱"更能让孩子得到真切的情感体验。我们需要给孩子提供付出爱的机会，即让孩子真切体验到自己被需要、感受到爱的机会。

—— 校长观点 ——

"付出爱往往比接受爱更能让孩子得到真切的情感体验。"

—— 校长观点 ——

"积极的人像太阳，照到哪里哪里亮。"

"公益积分制"是公益中学的实践基础

我校以"先学做人，后学知识"为校训，一直重视对孩子道德情感的培养，致力于探索把"学做人"落到实处的有效抓手，开展爱心义卖、冬衣与图书捐赠等传统公益活动，并与第九世界（杭州沃德青少年服务中心）合作，将活动所得用于帮扶贫困地区学校。2017 年 3 月，杭州市公益中学爱心专项基金正式设立，作为浙江省内第一个以中学命名的专项基金，捐赠款项来自公益中学义卖所得，继续用于支援黔东南教育和周边帮扶项目。

2017 年下半年，我校与共青团浙江省委、浙江省少工委开始对依托初中少先队组织，培育初中生关爱之心，鼓励孩子参加公益活动的可能性方案展开了交流讨论。一直以来小学对于公益活动比较积极，而初中或许考虑到升学的压力和学生、家长的担心，缺乏对公益活动的践行。始终把"学做人"放在第一位的育人理念和一系列公益活动的实践基础，使得我校成为了这方面的尝试先行者，在共青团浙江省委、省少工委的肯定与支持下，我们杭州市公

益中学开始了对"公益积分制"的构思与
探索。

实践推广"公益积分制"，
助力孩子成长

在"公益积分制"从设计到最终形成的过程中，学校充分考虑到初中生的需求，将专业指导与大众建议相结合，在细则公布前多方调研，在细则实施后继续完善，努力推广，希望在鼓励公益学子修炼关爱好品质的基础上，影响更多的孩子投身公益事业，学会关爱他人。

"公益积分制"是基于孩子需求的顶层设计。

第一，理念宗旨。"students based"，即基于学生的需求，"for students"，为了学生的成长，这是我校所有工作的出发点和落脚点。我们所做的一切工作不是为了我校长，或者这个学校，或者我们团省委有一个功利，为了做什么，而是希望"让孩子们成长得更好"。

第二，活动特点。鉴于初中生有紧张的学业，也出于对孩子安全因素的考虑，学校初步设计了"校内为主，校外为辅"的公益活动体系。

—— 校长观点 ——

" Students based，for students."

第三，内容平台。关于哪些活动将被纳入"公益积分制"，如何有效开展活动等问题，一方面，我们充分考虑学生的意见，让孩子们讨论，哪些内容可以作为我们公益积分制的项目；另一方面，我们依托共青团中央推荐的"志愿汇"平台来找活动、计时长、加组织，并设计相应的鼓励措施。

"公益积分制"细则能够逐步形成，少不了接地气的调研，也离不开专业的指导。

我们将校内已有的公益项目整理成初步框架，邀请初一、初二全体少先队员来补充，在征集学生、家长、老师代表的建议后，再次交给全体少先队商讨通过。成稿后，我们咨询了第九世界公益组织的意见，并邀请团省委、省少工委的专家审核指导，最终形成了《杭州市公益中学"益动中学"公益积分制实施细则》。

"细则"以"实施公益积分制，修炼关爱好品质"为主题，将关爱他人的公益活动细化为可操作的具体条目，采用"校内为主，校外为辅"，必修与选修相结合的模式，必修有"公益十一课"，如参与捐书、

—— 校长观点 ——

❝ 老师开心教，学生快乐学习，家长阳光育儿。❞

捐衣、爱心义卖以及第九世界公益组织通过"志愿汇"发布的公益活动等，选修有参与校园礼仪队、服务岗、自主参与校外正规的社区公益活动等。"细则"鼓励学生以个体与小组、线下与线上相结合的模式开展公益活动，并设定了各年级的公益积分优、良、合格线，优秀的同学可以获得浙江省少工委颁发的证书，而且公益积分也作为少先队雏鹰奖章评选、入团推荐等项目的重要参考，旨在发挥评价的榜样示范和对每一位公益学子的激励作用。

在团省委、省少工委的直接领导以及社会公益组织、家长、老师的支持之下，自 2018 年 3 月开始启动"公益积分制"以来，经过大半年的实践，9 月 7 日，在杭州市公益中学报告厅，浙江省"益动中学"初中少先队志愿服务项目发布会暨培训会隆重召开。

发布会上，我们面向浙江省 11 个地市的学校推广"公益积分制"，我校初二 6 中队杜怀瑾同学设计的 LOGO 成为浙江省益动中学的标识。团省委书记、党组书记朱林森在会上对"公益积分制"给予了充分的肯定，并勉励与会学校以公益中学为范本，总结提炼初中少先队志愿服务的经验与做法，根据自身需求与特点，制定一个

—— 校长观点 ——

"'公益积分制'鼓励学生以个体与小组、线下与线上相结合的模式开展公益活动。"

—— 校长观点 ——

" 实行'公益积分制'的初衷是让学生的思想从'你让我做公益'转变为'我想做公益'。"

符合校情的实施方案，参与到探索创新青少年思想道德教育的新载体和新模式的行列中来。

"公益积分制"的成效与展望

经过多年探索及 2018 年以来的正式实行，"公益积分制"已经成为公益中学学生德育培养的重要组成部分，我们深刻地感受到了学生做公益的两大变化，也开始展望、继续完善"公益积分制"的新方向。

学生参与公益实践的两大变化主要表现为：

第一，变零散的公益活动为系统的公益项目。原来学生参与的许多公益活动，都是零散的、一次性的，比如"学雷锋日"或"志愿者活动日"的活动。"公益积分制"倡导"行有方向，做有规范"，每个学年都有系统性公益项目，不是口号喊一喊，一阵风刮过去了，而是有计划、有落实的。

第二，变被动的"要我做"为主动的"我想做"。因为有线上线下记录和多元渠道的表扬激励，学生在校内外参与公益活动就有了获得感、成就感，许多学生被点燃了参与公益的热情后，常常不满足于学校组织的活动，而是主动向学校提出自己

的想法。我们实行"公益积分制"的初衷
正是让学生的思想从"你让我做公益"转
变为"我想做公益"。

现阶段实践"公益积分制"的两个新
方向是：

第一，假期校外公益服务新路径。基
于学生对校外公益活动的热情和学校能提
供的校内普遍性服务岗位较少的现实情况，
又考虑学校立德树人的最终目的是帮助学
生将来适应社会，为社会作出贡献，在
2019 年寒假前，校团委收集学生建议，邀
请学生校长、学生会干部交流研讨，制定
假期校外公益服务的三个新路径和相应的
试行积分制度。学生可以自主参与"志愿
汇"平台发布的适合中学生的公益项目，
或者以雏鹰假日小队为单位自发组织校外
服务，还可以参与校外正规社会组织的公
益活动。

初一（11）班"势在必行"雏鹰小队
的同学来到杭州海洋天堂爱贝儿童康复中
心，陪伴自闭症儿童进行康复游戏；初一
（6）班"旋风锦鲤"小队帮助环卫工人清
扫街道，进行垃圾分类，在付出爱心的同
时也真切地体会到了环卫工作的辛劳与贡
献；初二（2）班陆妍文等同学在除夕夜参
与建德市新安江溪头社区团委组织的"双

—— 校长观点 ——

**❝要让学生成
为'站在他人
角度说话做事
的人，为学生
一辈子的幸福
生活打下扎实
的基础'。❞**

—— 校长观点 ——

❝ 鼓励学生参与公益活动，不仅是为了培养他们关爱他人的美好品质，也是希望他们能在这些活动中锻炼自身素养。❞

"禁"巡逻，为安全过年贡献了一份力量；初一（9）班叶储睿等同学拿出了自己的压岁钱，为丽水市贫困地区的学校提供了物资援助。据不完全统计，此次利用寒假时间投身校外公益活动的学生有500余人，参与服务类别20余种。

第二，公益服务课程化。我们鼓励学生参与公益活动，不仅是为了培养他们关爱他人的美好品质，也是希望他们能在这些活动中锻炼自身素养。而且许多公益服务需要一定的知识技能，比如参与博物馆的讲解服务需要先有文化积累，进行急救知识的公益宣传需要自己掌握急救技能，去福利院慰问需要一定的沟通能力最好还能掌握一些简单的心理关怀知识等。基于这些思考，校团委计划逐步开设一些和公益服务相关的校内课程，让学生在有助人之心的同时，拥有助人之力，这是对学生能力的培养，也是为学生持续做公益提供更多动力。

坚持一生"公益行"，
养育孩子"公益心"

我校设计"公益积分制"的初衷是对学生需求的关心和对学校"先学做人、

后学知识"理念的践行，在实行"公益积分制"的过程中，我们又反观学生的需求和学校做公益的初心进行了深入的思考。

做公益要解决的首要问题是情感投入。

中学生有没有时间做公益？做公益会不会影响学习？这是学校在希望学生积极投身公益服务的同时所面临的现实困境。所以在鼓励做公益的时候，必须要让孩子和家长明白做公益与学习的关系。解开这个"心结"，才有做公益的情感基础，情感的投入也是做公益最本质的动力。

OECD 就曾提出 "social and emotional skills"，即社会与情感能力，是促进社会进步的重要力量。我们也常说，分数一阵子，做人一辈子，我们在期望孩子取得好成绩的同时，应该认识到懂得仁爱更是关乎他们一生的大事。而且，在我们公益中学，有许多真实鲜活的人和事可以证明，在力所能及的范围内做公益，对别人有好处，对自己也有锻炼。比如，我们的学生校长李子羽、陈嘉梁都为我校公益活动的开展付出了很多努力，他们在分别升入杭二中、学军中学后，依旧保持着积极参与公益服务的好习惯，一直是品学兼优的好学生。现任学生校长宣嘉奕花了很多时间服务同学，组织学校公益活动，但她依旧

—— 校长观点 ——

66 情感的投入也是做公益最本质的动力。99

—— 校长观点 ——

" 培养一份'公益情'，养育一颗'公益心'，坚持一生'公益行'。**"**

是常考年级第一的学霸。还有高考全省第五的金可涵、杭州市中考第一名的李家豪、考入杭二中并获评十佳学生标兵的王都、董桑柔、吕蓝等优秀的公益学子，他们都是积极做公益，乐于助人，受到同学好评的人。这些事例都在证明做公益与学习是不矛盾的。

坚持做公益的关键要素是合理评价。

一个人做一件好事并不难，难的是一辈子做好事。做公益最可贵之处在于坚持，做公益本质上是不求回报的，但引导学生做公益的过程是很需要评价机制的。因为从人性的角度看，我们做事需要榜样和目标，也需要激励，这些都会转化为帮助我们坚持的力量，否则的话，很多人在还没有养成良好习惯的时候就失去了动力。

实践证明，"公益积分制"是对学生初中三年做公益情况客观评价的有效途径。我们积极发挥少先队组织的力量，帮助学生将做公益内化为自愿意识，外显为自觉行动，让学生在接受爱的同时也能感受爱，在感受爱的时候也愿意付出爱，在付出的时候又能享受到付出得来的爱，从而形成良性循环，这样做公益就会越来越有动力，越来越显活力。

形成关爱他人的优秀品质是杭州市公

益中学在探索与推广"公益积分制"的过程中带给学生的正能量，也是我们一如既往秉持的初心。在"立德树人"的长路上，我们将继续践行培养学生"先学做人，后学知识"的理念，让孩子们学并快乐着，成长得更好，引导每一名公益人培养一份"公益情"，养育一颗"公益心"，坚持一生"公益行"。

基于少先队自主发展的年段主题教育实践

鲁慧茹

　　上海市第一师范学校附属小学校长，享受国务院特殊津贴、上海市特级教师、上海市特级校长、正高级教师。获得全国五一劳动奖章、全国优秀工作者、上海市教育功臣等荣誉称号。主持的"愉快教育发展项目""为学生的愉快学习变革教学"获得全国首届教学成果一等奖、上海市首届教学成果特等奖。

—— 校长观点 ——

"让每一个孩子拥有幸福的童年，让每一个孩子获得愉快的发展。"

让每一个孩子拥有幸福的童年

师附小是著名教育家陈鹤琴先生创办的实验性小学，有 70 多年的历史。陈先生的活教育思想，一切为了儿童的理念是我们办学的宝贵财富。20 世纪 80 年代初，倪校长带领教师开始了愉快教育的整体改革，提出了"教孩子 5 年，为他们想 50 年，为国家民族想 500 年"的理念，提炼了"爱、美、兴趣、创造"四要素。至今已出版 15 本教改专著，愉快教育被国家教委誉为实施素质教育的一种比较成功的模式，并作为第一批教改经验在全国推广。

学校的办学宗旨是让每一个孩子拥有幸福的童年，让每一个孩子获得愉快的发展，把"美好心灵、聪明才干、健康体魄、活泼个性"作为培养目标，并细化为五个能：主动求知、关心助人、自觉建设、责任担当、合作交往。

一师附小现有 50 个教学班，1720 名学生，教职员工 150 名，特级教师 3 名，中学高级教师 23 名，研究生学历 30 名，学校获得全国精神文明单位、首届全国文明校园、全国素质教育示范学校等荣誉。2014 年，愉快教育的教改获全国首届教学成果评选一等奖。

一师附小的德育工作和少先队建设，有着深厚的文化底蕴，我们始终坚持愉快教育的办学宗旨，让每一个孩子在快乐中成长发展。随着社会的发展，"立德树人"已成为新时代的主旋律，也是我们愉快教育人的使命和责任。

德育是办学的灵魂，如何把德育工作

—— 校长观点 ——

❝ 把'美好心灵、聪明才干、健康体魄、活泼个性'作为培养目标，并细化为五个能：主动求知、关心助人、自觉建设、责任担当、合作交往。❞

—— 校长观点 ——

❝ 少一点教师的主观策划，多一点学生的主动和意愿；少一点空洞说教的活动口号，多一点亲身的实践体验；少一点传统的规范形式，多一点孩子自主的能力锻炼。❞

落实、落细、落小，真正让每个孩子得到内化努力达成育心、育行、育神？我们有两个思考：（1）学校现在是集团化办学，每个年级班级数增加，我们的德育工作如何做到务实，让每个孩子受益，是否把德育的主题教育重点移到年段；（2）少先队建设是小学德育的重要组成部分，少先队提倡自我教育、主动发展、言行自律，能否把德育的主题教育与少先队建设有机整合，相融一体。

以儿童为先的愉快教育

愉快教育一贯主张儿童为先，只有尊重儿童的年龄、性格、兴趣等差异，做适合儿童能做的事情，搞儿童喜欢的活动，才能让儿童在做事中自我教育、自我发展。而学校引导孩子学习做事，开展活动，要突出体现童趣、童真、童心，通过实践让孩子逐渐形成自主、自动、自信。因此在主题教育活动中，我们提倡三少三多：

少一点教师的主观策划，多一点学生的主动和意愿；

少一点空洞说教的活动口号，多一点亲身的实践体验；

少一点传统的规范形式，多一点孩子自主的能力锻炼。

开展主题教育，
大处着眼，小处着手

丰富的活动体验，是开展德育的有效载体之一，但活动不能碎片化，更不能没有连贯的呈现随意性，要有学校整体的顶层思路，纳入学校课程，形成主题教育系列。

（1）大处着眼，立高度做融合，体现社会主义核心价值观的核心素养，进行培育渗透，将学校愉快教育文化精神的传承内化，还要把学校培养目标与能力素养的养成相结合，三大块有机有效融合。

（2）小处着手，作为课程抓落实，能操作，体现在分年级段，有主题、针对性强；形成序列，引导做实事，重在内化；全员参与注重体验，经历过程。为此我们在实践的基础上构建了学校的德育主题教育活动课程。

为了体现核心价值观的核心素养，融合进学校愉快教育坚持培育的五种精神，我们有生动的标识如红星、春风、蜜蜂、水晶等。落实学校五会的育人目标，再到

—— 校长观点 ——

66 丰富的活动体验，是开展德育的有效载体之一。99

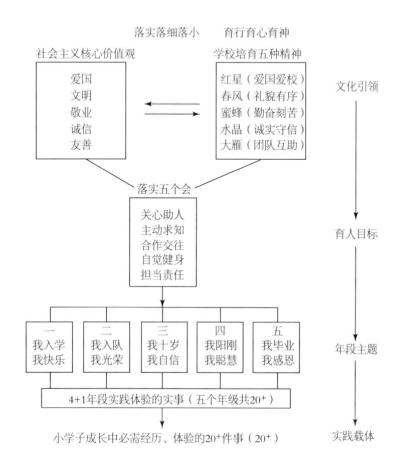

年段主题落实到实践载体，4+1 做实事，五个年级，20⁺ 件实事，这是学生在附小五年必须亲自经历的。涵盖校内校外的各方面实践。而每个年段，有育人内涵，有必做的 4+1 实事，学校具体的课程实施内容，核心为自主有发展。

年级主题	核心价值	培育目标	实践载体	课　程　内　容
一年级 我入学 我快乐	文明 爱国 敬业 诚信	春风 红星 蜜蜂 水晶	读童谣	知晓附小学生十个基本礼仪，熟读童谣儿歌
			认校园	认识校园七大楼区，找到各类资源教室
			用五宝	用好眼、耳、口、手、脑，培养良好学习习惯
			交朋友	学会和老师交朋友，和同伴、学长交朋友
			Plus⁺	……
二年级 我入队 我光荣	文明 敬业 爱国 诚信	春风 蜜蜂 红星 水晶	知礼仪	迎、站、坐、行、玩，动作要求做文明
			写好字	熟练写字基本姿势，写好中华汉字
			学队章	认识四旗，学会队礼、队歌等队知识
			有岗位	每人确立班级小岗位，学会为班集体服务
			Plus⁺	……
三年级 我十岁 我自信	爱国 友善 诚信 敬业	红星 大雁 水晶 蜜蜂	颂经典	背诵表演经典诗词，了解中华传统文化
			建小队	建立有目标的特色小队，在指导下开展小队活动
			会服务	参加小红帽校园行动，学做服务，热心公益
			写故事	展现叙述成长故事，感恩父母师长
			Plus⁺	……
四年级 我阳刚 我聪慧	爱国 敬业 和谐 文明	红星 蜜蜂 火箭 春风	会演讲	在队活动中进行主题演讲，提升表达能力
			能设计	设计一次有专题的小队活动，锻炼策划能力
			亮才艺	在队活动中展示才艺，在交流分享中提炼个性
			秀礼仪	学习各种仪式礼仪，展现附小学子形象
			Plus⁺	……
五年级 我毕业 我感恩	诚信 文明 爱国 敬业	水晶 春风 红星 蜜蜂	能治理	参加军校二日营活动，自理生活，自律行为
			牵你手	参加学校、社会公益活动，志愿服务
			知感恩	设计感恩行动，为母校留下纪念
			提谏言	学做小议员参与管理，为母校发展提个好建议
			Plus⁺	……

科学合理评价主题教育

学校落实德育目标，与少先队争章紧密结合，科学合理评价。每个年段主题活动，都有评价手册，从一到五形成序列，有家校互动的评价，有校内校外综合实践的评价，这本册子记录了每个学生的感悟和体验，也记录了他们在一师附小的自主成长。

我们的主题教育评价以敲章和五星的形式做形象的记录，帮助学生客观全面地了解自己，既能感受进步，又能看到不足，从而明确今后努力的方向。

如一年级：

—— 校长观点 ——

66 主题教育活动不能碎片化，更不能没有连贯的呈现随意性，要有学校整体的顶层思路，纳入学校课程，形成主题教育系列。99

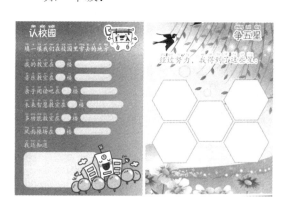

—— 校长观点 ——

学校的主题教育评价以自主形式开展。如一年级以"用五宝"项目，为自己的学习行为进行自评。有的项目多种评价主体同时参与，如三年级的"诵经典"项目，不仅从诵读的情况进行评价，更要以实际行动是否做到为标准进行评价，评价的主体从自己到同学、到家长，评价主体的多元，使活动的效果进一步拓展。

> **评价的主体从自己到同学、到家长，评价主体的多元，使活动的效果进一步拓展。**

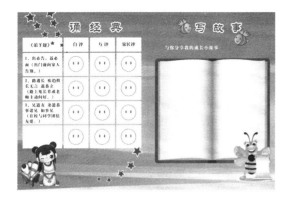

落实德育评价，主要从以下三个方式展开：

—— 校长观点 ——

❝ 主题教育课程也有很多是需要在课外、在家庭里完成的，那么家校互动就成了评价的新途径，家长们作为活动的参与者，共同实践，同时也是孩子活动的评价者。❞

第一，结对牵手——个性。

我们在主题教育课程评价中让四、五年级的哥哥姐姐也来帮忙做低年级学生的评价员，帮助一对一地对活动的完成情况进行针对性地测试，及时找出问题进行解决，如在二年级"学队章"项目中，对于队知识的掌握程度如何，我们请哥哥姐姐来检查并敲章，一方面降低孩子们的紧张程度，另一方面，也使辅导更具针对性，发现问题解决问题。

第二，家校互动——拓展。

主题教育课程是立体的，全方位的，有的是在学校里完成的，也有很多是需要在课外、在家庭里完成的，那么家校互动就成了评价的新途径，家长们作为活动的参与者，共同实践，同时也是孩子活动的评价者。如五年级"能自理"项目，我们要求每位孩子每周在家做好一件家务小事，请家长作为监督管理者加以评价。

第三，活动展示——汇报。

并不是所有的评价必须是书面的，德育评价的形式应该是多样的，它该成为一种行动导向。展示汇报也是一种交流评价的方式。每年一次将年段主题活动向家长、社会汇报是一师附小不成文的规定，

每个年级将孩子们一年的实践成果，以专题展示汇报的形式向同学、老师、家长、社会汇报，在汇报中班与班之间分享、交流，在交流中学习感悟。

主题教育活动的实施成效

第一，促进了学校德育的实化和有效性，作为课程，有目标、内容、实施记录、评价、反馈，德育成为可行可见的。

第二，促进了教师的专业发展。每一次主题活动的组织开展，孩子在自我教育，教师也在自我教育，他们在过程中组织调控，总结记录提炼，德育目标更清晰，课程要求更具体。

第三，促进了少先队员的自主发展。

—— 校长观点 ——

❝孩子们在评价手册上写下来活动心语，感受到从设计策划、组织投入到体验过程的一系列成长经历，更重要的是学会大手小手的互帮互动，童心爱心的接力传递！❞

孩子们在评价手册上写下来活动心语，感受到从设计策划、组织投入到体验过程的一系列成长经历，更重要的是学会大手小手的互帮互动，童心爱心的接力传递！

"基于少先队自主发展的主题教育活动"是附小多年来主题教育实践活动的梳理与提升，是学校德育活动课程化改革的举措，我们将少先队员的"自主发展"高高举起，以社会主义核心价值观为引导，以学校的培育精神为文化引领，以学校的育人目标"五会"为发展方向，以年级主题教育课程化实践为载体，让少先队员在经历中体验、感悟，在实践中理解提升，这是我们执着的追求。

家校合作克服焦虑　互惠共赢助推成长

刘　岚

江苏省扬州市竹西中学校长，全国少工委委员，江苏省少工委副主任，江苏省少儿研究会副会长，江苏省少儿研究会中学少先队专业委员会主任。中学高级教师，获全国优秀教师称号，全国师德先进个人，江苏省课程改革先进个人。参与撰写《未成年人思想道德建设新问题与对策》《点燃理想与信念的火炬》《中学少先队热点重点着力点》等专著，发表论文近百篇。主持多项江苏省科研重点课题。

—— 校长观点 ——

❝ 教育焦虑是人们对教育过程及教育结果带来的不确定性所产生的紧张、不安、忧虑、烦恼等复杂情绪状态。❞

今天我们讨论的话题是，在"要让孩子成长得更好"的背景下，我们如何面对焦虑的家长。

家长焦虑有哪些表现

心理学家认为，教育焦虑是人们对教育过程及教育结果带来的不确定性所产生的紧张、不安、忧虑、烦恼等复杂情绪状态。那么家长到底在焦虑什么？

举个例子：我们学校有个孩子各方面表现都不错，参加全市优秀少先队员评比获得了"十佳少先队员"的称号。但是任课老师却发现他在课堂上自信心明显不足，听他在座位上对某一条题目发表见解时头头是道，但是每当要求他个别发言时，他却什么也说不出来。班主任通过家访了解到，孩子在家和父母交流时，一旦孩子说出一个新想法，他的母亲总是无情地打断他：你不要再说！光有想法没有用的！你的成绩不好，就是因为你想多了，要按照老师的想法……他母亲在各种场合表现出对孩子成绩的担忧。

　　无独有偶，去年我做班主任时，我班上有个男孩学习成绩很好，又是小班干，积极参加班级活动，但是临近中考时孩子在一次单独跟我交流时，却止不住流下眼泪，因为他觉得他的父亲老是怼他：成绩好有什么？全是死用功，这样的人不是人才，适应不了未来社会的需要。

　　家长的焦虑直接与成绩相关，语文好数学不好，焦虑偏科；语文数学好，担心英语，影响总分排名；成绩排名不错，又怕能力素质不行；平时喜欢交友，又担心遇上坏朋友被引上邪路；如果孩子没有朋友，又担心性格是不是有问题。而我的一帮学生的家长中，他们的孩子最大的才上小学，大多数孩子才刚出生或者尚未出生，他们每天在朋友群里，焦虑地讨论着学区房、培优班……其中一个孩子乖巧听话，但是她的父母觉得她与成年人的互动差，于是开始焦虑她的智商能否让她在未来的学习中胜出？

　　当然，还有更高级的焦虑，就是对焦虑的焦虑，焦虑自己是不是太焦虑了，因为听说焦虑的父母会培养出焦虑的孩子。总之，未来的种种不确定性就像时刻会掉下来的达摩克利斯之剑，在这些父母头上时刻高悬。

　　冷静地反思，家长们的焦虑源于整个社会的浮躁以及对教育本质的不正确认识。在互联网普及、家庭教育知识广为传播的今天，父母们通过微博、微信公众号、朋友圈、新闻客户端每天接收大量关于家庭教育的内容推送，且不管适不适合自己的孩子，拿来就用。用家庭教育专家孙云晓的话说，这些内容良莠不齐，鱼龙混杂，甚至出现了劣币驱逐良币的情况，一些正确的、科学的教育方法，反而不如那些哗众取宠、简单粗暴的教育方法受欢迎。最

—— 校长观点 ——

❝家长们的焦虑源于整个社会的浮躁以及对教育本质的不正确认识。❞

终带来的结果是家庭教育效果不佳、焦虑加重。

利用活动平台正面引导家长

全国政协委员、北京四中原校长刘长铭一直推崇"读再好的名校，都比不上家长重要"的理念。一个和谐的家庭、一个和睦的家庭最重要。有了和睦的家庭，孩子在家庭中能够很自然、很幸福地成长。于是学校请来教育大咖给家长们开设家庭教育理论讲座，李镇西老师来学校和家长面对面交流，"知心姐姐"卢勤老师来开设讲座"让每个孩子都精彩"，他们都从爱心教育出发，希望家长们用爱的目光看待孩子，用爱的微笑关注孩子，用爱的激励鼓励孩子，用爱的表达夸奖孩子，用爱的约束帮助孩子，用爱的胸怀包容孩子。同时在学校的家长学校里，通过多种形式对家长开展家庭教育理论，帮助家长树立正确的家庭教育观。

习近平总书记在强调家庭教育重要性时指出："家庭是社会的基本细胞，是人生的第一所学校。我们都要重视家庭建设，注重家庭、注重家教、注重家风。"教育的本质是三位一体的，即社会、家庭、学校

—— 校长观点 ——

❝读再好的名校，都比不上家长重要。❞

之间必须通力配合才能实现教育的目标。一个学生的最终表现或成就绝不单单取决于学校教育，很大程度上与家庭教育有关，于是我们举办"竹沁"新父母发展学校，每个年级每个班级成立了家长委员会，组织品餐活动、家长护生岗、"竹溪大讲堂"等志愿者活动让家长们参与到学校教育管理中来。通过微博、微信等新媒体向家长们传递家庭教育新理念，为每一个"竹子"的成长助力。

其中"家教手记"是我校充分利用家长教育资源的一种创新做法。"家教手记"是由家长教育日记发展而来的。多年前，我校不少班级提倡家长们用文字记录下孩子成长过程中的点滴轨迹，记录下家长教育子女过程中的方法，记录下家庭教育中的宝贵经验。为了鼓励班主任们的这一好方法，学校还特地为每个班级配发了日记本，让家长们轮流写、相互读。随着信息技术的飞速发展，我们把家长们的优秀日记"搬到"了微信公众号上，并引导家长们相互学习共同提高。

"家教手记"涉及内容广泛，有对孩子的方法指导，也有心理疏通，也有家长们对自己的细致要求，还有家长从家校合作的角度写了题为"家校一致，培养孩

—— 校长观点 ——

❝'家教手记'是我校充分利用家长教育资源的一种创新做法。❞

子""家校共同努力，教育才能有成效"的家教手记……这些文章结合自身实际，切合孩子的现状，有自己的深刻感悟，这都是家校合作的硕果。

当然，这并不是一个简单的过程。学校为了提高家长们文章的质量，专门安排了一位资深语文老师每周负责收集、修改，并帮助家长润色文章。教育故事每天都会上演，这一记录、修改、阅读的过程，也是给每位家长帮助、提升的过程。每当新学期来临之际，老师们都会让孩子们明确学习目标。刚刚毕业的这届学生升入初三的时候，班主任老师就要求家长和孩子一起确立学习目标。这不仅是一次家庭教育的好契机，更是一次和孩子沟通的好机会，但是不少家长处理起来简单、粗暴，有时可能是因为老师布置的，而带上了完成任务的心理。发现这一情况后，班主任老师在家长群里发了文章《孩子心中有目标，学习才有动力》，家长阅读之后深受启发，于是在那篇家教手记里，父亲与孩子之间那种循循善诱、不急不躁的交流方式转变成文字让更多的家长读到，这真的是一种无声的教育力量。

再如初二学生王添爱家长在孩子步入初二这一重要学习阶段的时候，用一次真

—— 校长观点 ——

" 孩子心中有目标，学习才有动力。"

诚的谈话让孩子豁然开朗："初二是孩子成绩下滑的高危期，为了预防这种情况发生，消除孩子的恐惧心理，开学前夕和女儿做了一次交流……我给出了两点建议：首先你要给自己确定一个目标，就好比一个司机要知道自己的目的地。你具体的目标是什么？是为了取得好成绩？为了考上重点高中？……目标一定要写下来，要让自己看得见感受得到，这样才能时刻提醒自己，激发前进的动力。接下来我们还需要为实现目标，制定一个切实可行的计划……"这样的家长未雨绸缪，防患于未然，给孩子信心，教孩子方法，作为范例值得每一个家庭借鉴。

今年学校微信公众号上又在周末开设了"竹沁新父母发展学校空中课堂"专栏，校长每周撰写一篇有关家庭教育的文章，并进行配乐朗读。家长们在收听的同时，可以在文末留言互动。我们就是这样通过家长学校的各项活动，转变家长的观念，让有利的资源为各个家庭所享有，让所有的家庭都参与到孩子的教育中来，用发展的眼光看待孩子，为孩子的每一个进步喝彩。

所以我们所做的第一点就是要积极充分利用舆论的力量，对家长作出正确引导，

—— 校长观点 ——

❝ 通过家长学校的各项活动，转变家长的观念，让有利的资源为各个家庭所享有，让所有的家庭都参与到孩子的教育中来。❞

使之不盲目、不焦躁，形成自主的正确教育观念。

利用学校教育侧面影响家长

家长的焦虑很大程度上都不是他们自己莫名焦虑，而是因为自己的孩子，无论是孩子的做人、学习都可能是引起家长焦虑的原因，作为一名教育人，我们觉得很好地改善或转变家长焦虑的途径就是对于他们孩子的教育，学校教育的成功从某种意义上可能会从根源上切断家长焦虑的症状，所以培养什么样的孩子，我们的具体措施就是试从侧面去影响家长焦虑程度的做法。

一是构建"通直坚毅"的校园文化，培养学生的品格。

教育不是空洞地说教，它需要我们搭建一个个形象生动的台阶引导学生去攀登。为此，我校结合"竹文化"精神内核，构建了"通直坚毅"德育资源建设平台，充分利用校园"竹文化"的浓郁特色，力求丰富德育教育手段，提升德育教育品质，并以此为研究对象成功申报了江苏省品格提升工程。

我校"竹文化"德育工程项目，注重

—— 校长观点 ——

" 充分利用舆论的力量对家长作出正确引导，使之不盲目、不焦躁，形成自主的正确教育观念。"

—— 校长观点 ——

" 教育不是空洞地说教，它需要我们搭建一个个形象生动的台阶引导学生去攀登。"

引导学生参与、挖掘、体验"竹文化"的内涵，通过培育方法的创新、培育手段的更新、培育资源的刷新等来推进工程项目在学生"竹"品格培养上的模式创新。

基于校内已有几十种竹子，便将"竹文化"物型课程资源开发与积累作为德育资源开发的首选，逐渐开展以学科建设为基础的"竹文化"基础型课程资源开发与积累，实现了优雅环境打造、儒雅的教师锻造、文雅的学生塑造。

围绕"竹西中学"四字，建成了镶含校名的桂竹园、成蹊（谐音"西"）园、中孚庭、游学林等四个园林。桂竹园里因遍植竹子，以中间一棵桂香四溢的桂树而得名，是寄予每一名学生像雨后春竹一般成长。成蹊园，遍种果树，秋天果实飘香是嘱托每一名老师"桃李无言，下自成蹊"，专注教育，甘于奉献。中孚庭是一个小型水生植物园，取义易经中孚卦，汲取传统文化中诚信立身的养分。游学林得名于一位叫圆仁的日本高僧的纪念碑，缅怀和学习大师不畏艰苦、学无止境的精神。

春天这里播撒了我们的汗水，待到秋天就是我们收获的时节。竹西中学是一所学校，更是师生们生活的乐园。春天有花，秋天有果，一年四季花香不断。万物皆有

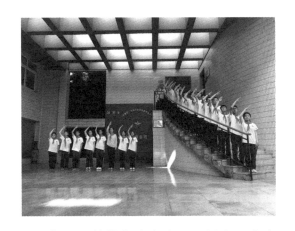

时，每一种植物都有它自己的果实。当水
蜜桃成熟之时，鸟儿已成群结队来啄食了，
碧桃还是青的；当所有果实基本已经殆
尽，柿子树上还挂着一个个"红灯笼"……
待到果实成熟时，我们组织师生采摘分
食，分享劳动的幸福。不同的果实是由不
同的人来采摘分享的。橘子是班主任老师
的"专利"，砂糖蜜橘是骨干教师们品尝
的，枣子是由教研室主任和备课组长们采
摘的……中考前夕，成蹊园里的枇杷正好
成熟，果实就是送给初三孩子们走上中考
考场前的最后一个礼物，这既是让孩子们
品尝丰收的喜悦，也是一种考前减压放松
的放松。孩子们在品尝之余也不忘和老师
们分享，一张张神采飞扬的笑脸、一个个
递向老师的果实，真的让人觉得孩子们长
大了……教育是随时随地发生的。在成蹊

—— 校长观点 ——

❝我们所做的教育，也正如培育这些果树，既要百般呵护，浇水捉虫，但更要正视他们自己生长的规律，要学会静待花开。❞

园里每天都会发生着教育故事。每棵果树上的二维码，就让这些果树成了一本打开的教科书；冬天来临，果树上的叶子都落光的时候，孩子们会把自己的新年愿望写在千纸鹤上，挂在果树上。冬天冷冽的风吹动着五颜六色的千纸鹤，也吹响了新年奋进的号角……这个果园不仅仅给师生们提供了观察、品尝的机会，更提供了学习、体验的机会。的确，我们所做的教育，也正如培育这些果树，既要百般呵护，浇水捉虫，但更重要的是要正视他们自有自己生长的规律，要学会静待花开。万物都是有其相似性的，在果树身上我们能联想到教育的一些问题，这些既能给教育者以启发，正如每棵果树有其生长的特性，每个学生也有其特有的个性，要因地制宜，适时引导；同样果园也能给受教育者以激励，想要品尝到果实的甘甜，就要经历四季的耕种、等待，想取得学习上的成就，也要付出艰辛的努力。校园里的一草一木都给孩子们以无言的教育，潜移默化地影响。

竹子是竹西中学校名的重要元素，也是我们提炼具象精神、教育启发学生的重要参照物。我们把竹子精神凝练为正直、虚心、向上、有节、乐群，鼓励孩子们学习竹之精神。学校以"竹文化"为触发点，逐步形成了"学翠竹品质，做追梦少年"的德育体系。围绕"竹质人生"开展了一系列的德育活动，搭建各类展示平台，旨在让孩子们更加深刻地领悟"竹文化"的精髓，践行"像竹子一样做人"的校训，努力培养谦虚谨慎、奋进超越、清俊挺拔、坚劲专注、自立乐群的"竹质"少年。"竹文化"育人工程项目，紧密联系"竹"的天然特质，即"通直坚毅"，让学生了解与研究竹，实践与体验竹，品味与感受竹，类比与成为"竹"，通过学生的知竹、爱竹，与竹天然亲近，让学生或耳濡目染，或触景生情，或由感而发，在"润物细无声"中实现品格的提升，给学生深深烙上竹西中学"竹"的印记，伴随一生。

校园里的竹子有高大的如高节竹，也有矮小的如菲白竹，但每一杆竹子都是正直向上，虚心有节的。在建设校园文化的同时，我们向孩子们也是向每位老师、每位家长传递一个信息：坚定对孩子的信心，摆正对孩子的期望，培养孩子成长为一个性格健全、能掌控自己人生、获取自己想要的幸福的人。当孩子们往着我们希望的方向发展，家长只有欣慰，没有焦虑。

二是搭建丰富多彩的活动平台，健全学生的人格。

—— 校长观点 ——

"坚定对孩子的信心，摆正对孩子的期望，培养孩子成长为一个性格健全、能掌控自己人生、获取自己想要的幸福的人。"

—— 校长观点 ——

" 努力做到四个坚持：教育方向的正确性、主题内容的适应性、教育方式的针对性、组织活动的实效性。"

随着时代的发展，我们面临的是一个与时俱进的新时代，不断变化的新观念、多元开放的新环境、日新月异的新科技、丰富多彩的新媒体，给学校教育带来新情况和新挑战，我们也意识到我们的工作中要有坚持，尤其是面对着焦虑的家长群体，我们在积极引导的同时，努力做到四个坚持：教育方向的正确性、主题内容的适应性、教育方式的针对性、组织活动的实效性。这么说，可能很轻松，在实际工作中要把有意义的事做得有意思真还不简单，我们积极开展初中少先队，在有理、有趣、有情、有义、有滋、有味的中学少先队活动中培养人、发展人、尊重人，推动人的全面发展。

我们是怎么做的呢？首先仪式教育要有情怀。整个初一大队部最重要的仪式是建队和换巾的仪式，所有的孩子是学校给他们提供大号红领巾，小号红领巾换上大号红领巾，人大领巾大，人大责任大。初二年级的学生是青春奠基仪式。初三年级是离队仪式，我们的离队仪式和毕业典礼一起进行。三大仪式，我们要求所有的校外辅导员，以及所有的家长都参与到仪式活动的现场当中来，见证孩子的成长。除了这些仪式以外，我们还有很多平常的仪式活动也特别好，比如说我们的升旗仪式，每一次升旗仪式，我们的国旗班都要换上他们特别的服装。在仪式教育中，我们注重的是少先队员的情怀和担当。

其次，育人队伍有传承。"新竹高于旧竹枝，全靠老干来扶持"。新队员到学校之前，我们就开始推荐新一轮的中队辅导员。队员们没有到学校，我们的辅导员就要进行岗前的理论培训和他们的实践操作，等到队员们到学校的时候，我们的辅导员和队员们第一次见面会，所有的辅导员都是由校长亲自向我们的队员们介绍。在孩子们的换巾仪式上，校领导要为所有的辅导员佩戴上大号红领巾，颁发聘书，授中队旗，而且在现场每一个中队辅导员必须要有一个表态发言的讲话，让所有的孩子和家长都能够来看看中队辅导员的风采。我们也特别注重大队辅导员的队伍建设，虽说一所学校的校长很重要，但真正捍卫一所学校文化的，往往是这所学校里德高望重的老教师。这些老教师的言传身教地影响着新教师，一代代把学校的文化传下去。

要开展丰富多彩的活动，就必须有教育的阵地。我们不仅有校外的活动阵地，学校的少先队活动阵地面积也特别大。我们的红领巾广场超过 500 平方米，队室 100

—— 校长观点 ——

" 一所学校的校长很重要，但真正捍卫一所学校文化的，往往是这所学校里德高望重的老教师。"

平方米以上，还有学生的实践基地。这些活动阵地都是由少先队员们来参与布置的，墙上的每一幅画都是由孩子们自己设计、自己装饰的，而且每一天孩子们都可以自由地进来参与他们的活动，这里成为孩子们自主活动的一个场所。我校的每个中队都有中队角，并对三个年级的中队角内容提出了不同的要求，初一年级要了解党团队的历史，初二年级向往共青团，初三年级树立优秀的团员榜样。

初中孩子能力渐强，自主自动，我们就把少先队活动放手让他们自己去组织。我们对中队辅导员辅导孩子们的活动提出三个要求，第一个要求是："我没有说"，第二个要求是："我什么也没有说"，第三个要求是，"我真的什么也没有说"，完全让队的活动由孩子们自主进行。我们的大中小队活动，从标准化、流程化逐步达到自动化，让孩子们自主来开展。每天放学以后一个小时的时间是红领巾社团的活动时间，学生根据自己的兴趣爱好、个性特长打破班级建制选择社团参加活动。在我校的精品社团评比中，有四个社团获得扬州市精品社团称号，我校的中医社团获得扬州市十佳红领巾社团称号。今年我们对所有的队员开设了游泳的课程，免费提供

—— 校长观点 ——

66要开展丰富多彩的活动，就必须有教育的阵地。99

的游泳课要求所有的孩子在初中毕业时必须要学会游泳。

"个个都有趣"就是我们教育的口号。我们的活动设计旨在了解学生心理需求，满足学生成长需要，引导他们去实践、去体验、去参与，从中获取人生经验，总结人生感悟。更重要的是我们通过这一个个生动有趣的校园活动，传递给家长对育人的思考，对人的全面发展的思考，希望家长把更多精力放在和谐亲子关系的构建和孩子性格的养成上。当然我们更希望家长首先要明白：对孩子的教育焦虑是正常的、可以理解的；其次，作为父母，你自己能不能跳出今天的教育框架来思考孩子的成长。

教育问题是一个永无定法的问题，家长的焦虑也是一个横亘在教育过程中不可避免的问题，家校合作，探寻出一条互惠共赢的成功之路。

—— 校长观点 ——

"'个个都有趣'就是我们教育的口号。"

新"时代"少先队工作的五个坚持

唐彩斌

浙江省杭州市时代小学校长,浙江省特级教师,正高级教师,国家《义务教育数学课程标准》修订组成员,浙教版新思维小学数学教材副主编,澳门新思维数学教材编委,中国教育学会小学教育委员会常务理事,教育部首批公派留学英国访问学者,享受杭州市政府特殊津贴专家。科研成果多次获得国家、省基础教育教学成果一二等奖,出版专著15余部,获得第四届全国教育改革创新优秀教师奖。十一届杭州市政协委员。

—— 校长观点 ——

" 要把习爷爷的话记在心上。"

全国教育大会后，教育系统深入学习领会习近平关于教育问题的重要论述。习近平总书记强调，要在坚定理想信念上下功夫，要在厚植爱国主义情怀上下功夫，要在加强品德修养上下功夫，要在增长知识见识上下功夫，要在培养奋斗精神上下功夫，要在增强综合素质上下功夫。为当前的教育指明了方向，对少先队工作有着直接的指示意义。浙江是习近平新时代中国特色社会主义思想的萌发地，浙江的少先队员更能够亲切地体会到并做到把"习爷爷的话记心上"。

坚持党性，固本强基，为少先队员打上社会主义建设者和接班人的底色

我国是中国共产党领导的社会主义国家，中国少年先锋队是中国共产党创立和领导的少年儿童群团组织。思想引领、政治启蒙是少先队的主责主业。我们应该创造性地用孩子喜闻乐见的形式开展丰富多彩的活动，以立德树人为根本任务，深入开展爱党爱国、社会主义核心价值观等主题教育活动。

我们学校近邻毛主席视察小营巷纪念馆、中共杭州小组纪念馆、钱学森故居等，是浙江省小学里唯一开设钱学森实验班的学校，"用实际行动把红色基因一代代传下

—— 校长观点 ——

" 用实际行动把红色基因一代代传下去。"

去"。我们读钱学森故事、组织钱学森主题研学旅行、弘扬钱学森精神，为孩子们树立身边的榜样，从小埋下立志为国家奋斗的种子，打上爱党爱国、为公为民的底色。

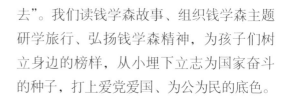

—— 校长观点 ——

" 不牺牲学生宝贵的时间做没有意义的事情。"

坚持系统性，顶层设计，让少先队活动成为有机的课程

学生的在校时间是确定的，少先队的活动设计应遵循既定的目标，有计划有目的的开展，与孤立零散的活动设计相比，更有效的是系统有机的课程。不是拼盘，而是有机的整体。有顶层设计，规范的流程，就不会随着管理者的热情和喜好随意举行，能更好地确保我们没有牺牲学生宝贵的时间在做没有意义的事情。

一年级：新生入学课程、开学第一课、开学板报展，都围绕国家的主旋律，2018年主题是"改革开放 40 周年"；二年级：生命教育课程、手心里的鸡蛋；三年级：十岁成长礼课程，注重成长仪式感；四年级：安全健康课程、生存教育基地；五年级：国防教育课程、去军校一周；六年级：学农一周，还有快乐毕业课程。与活动相比，课程要八有：有主题、有目标、有资源、有组织、有指导、有课时、有去处、有评价。

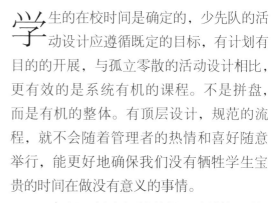

　　学校还创造性引进冠军课程，邀请体育世界级冠军周苏红、吴鹏、徐东香、鲍雨晴等走近孩子们中间，讲冠军故事，启发学生从小树立顽强拼搏、为国争光的精神。

坚持社会性，开放办学，
让孩子走向社会经历大事件

教育的意义之一是让孩子从自然人变为社会人。学校不应该是教育的孤岛，而是有机的组成部分，坚持开放办学，让学生走出校门，走向自然，走向社会。学校在组织的拓展性的课程中，有"走遍杭城""博物馆教育""寻访非遗传人""寻访老红军""走桥活动"等，大大增长了学生的活动半径，拓宽了活动内容。尤其是组织

—— 校长观点 ——

"学校不应该是教育的孤岛，而是有机的组成部分。"

—— 校长观点 ——

❝ 小时候经历大事件，长大了更有大作为。❞

高年级的同学开展"走进南湖研学旅行"，弘扬红船精神。

学校还为孩子争取创造机会，融入身边的大事件。近年来，学校的少先队员代表先后有机会参加了 G20 杭州峰会的迎宾队伍、全国学生运动会的开幕式引导员、浙江省少代会、杭州市社会各界中秋茶话会、南宋文化节开幕式表演等，还组织了书香满地铁、送个红苹果等。我们之所以积极主动组织参与，是因为我们觉得学校课堂里的学习不是孩子成长的全部，小时候经历大事件，长大了更有大作为。这种经历可能增长的不是知识，而是见识。"从小事做起，从身边做起，努力争做新时代的好队员"。

坚持自主性，以生为本，让少先队员成为自己组织的主人

民主是社会主义核心价值观价值目标之一，我们追求的民主是人民民主，其实质和核心是人民当家作主。对于学校来说，就是让孩子做主。

学校设立了校长信箱，学生能通过建议书参与学校的管理，因为学生的意见：我们更换了送餐公司、更换了办公室的英

文标识；国旗下的讲话，全程由大队部组织；大队委由学生自主竞选；校刊少先队员自己编，封面人物自己选；教学楼的牌匾学生写；机器人伙伴的名字自己取，社团的课自己选，我们坚持：小时候选择课程，长大了选择人生。学生为本，不是为学生做主，而是让学生自己做主。

—— 校长观点 ——

"学生为本，不是为学生做主，而是让学生自己做主。"

坚持综合性，五育并进，培养全面发展的新时代少年

我们的党和国家，要求我们培养的是德智体美劳全面发展的社会主义建设者和接班人。这就要求我们为学生提供丰富的课程和丰富的机会。核心素养一头连接现实世界，一头连接完整的人。我们重视智育，学习是孩子当前重要的任务；我们也重视健康，每一次我们分析教育质量，除了分析学科成绩，还特别重视近视率、肥胖率、龋齿率。我们重视美育，坚持"天天人人计划"，天天有画展，天天有歌声，人人爱阅读，人人爱运动，成为每一天每一个人的学习常态。

我们还创造性地开设了"四季课程"，就是希望学生能够超越知识，将学会的知识创造性地整合应用。"春天的花""秋天的

叶""夏天的水""冬天的雪"都是我们研究的主题。只要给学生时间和空间，他们从来都没有让我们失望。

少先队员是祖国的未来，决定着党的薪火相传和国家的长治久安。今日的点点薪火，将是明日的繁星闪烁。

用德孕育一种力量

朱莉萍

　　安徽省合肥市蜀山区教育体育局副局长，合肥市西园新村小学教育集团党总支部书记、校长，安徽省教育评估省级专家，合肥市首批名校长工作室主持人。先后获得全国素质教育模范校长、全国美育带头人、安徽省先进工作者、第十四届"安徽青年五四奖章"、全省优秀共产党员、合肥市劳动模范、合肥市拔尖人才、合肥市优秀共产党员、合肥市德育工作先进个人、合肥市首届"教坛新星"、合肥市学科带头人、合肥市"三八"红旗手、蜀山区教育领军人物等殊荣。主持编写的校本教材分获安徽省综合实践优秀活动教学成果一等奖和基础教育课程改革教育教学成果二等奖；主持多项国家级和省级科研课题顺利结题并获优秀课题奖。

教育是育人的事业。《荀子》中说"不知则问，不能则学，虽能必让，然后为德"，《词源》中的解释是：德，指道德，德行；德还有恩惠、感激、福利之意。杜威说，从最宽泛的意义上说，教育即道德。教育的道德表现为对学生的爱。可见，德，是教育中的一种极为强大的力量。

立德树人是学校的根本任务

教育应该创造条件，促使孩子的认知结构不断成熟和发展，让孩子形成正确的世界观、人生观、价值观，具有独立的判断能力和思考能力，成为真正的人，可以为社会贡献自己的价值。

我担任过多年的少先队辅导员，深知少先队工作是学校工作中不可替代的重要

—— 校长观点 ——

❝ 德，是教育中一种极为强大的力量。❞

组成部分，是实现"立德树人"的主阵地。

《少先队改革方案》中指出：少先队的基本定位是中国特色社会主义事业战略预备队，以思想引导为灵魂，坚持开展组织教育、自主教育、实践活动，教育少年儿童听党的话，跟党走，自觉培育和践行社会主义核心价值观，为实现中华民族伟大复兴的中国梦时刻准备着。

合肥市西园新村小学南校教育集团坐落于合肥市政务区美丽的天鹅湖畔，学校天鹅文化由来已久。多年来一直秉承"每一个孩子都是飞翔的小天鹅"办学理念，在"润德启慧、培养习惯、张扬个性、全面发展"育人目标的指引下，开展丰富多彩的少先队实践活动，培养星火少年。

我们从儿童的需要和视角出发，以体验教育为根本途径，将少先队活动进行梳理、归纳，研发出"红领巾实践活动课程"，将其整体规划为三个层级的课程框架。第一层级：礼仪活动课程；第二层级：实践体验课程；第三层级则在逐步推进中，持续完善为迈入世界的全景课程。在空间设计上，其实我们遵循了由课内延伸到课外、由校内拓展到校外、由国内走向国际的规律，让孩子们在不断的实践中积累经验，在经验的不断丰盈中茁壮成长。通过

—— 校长观点 ——

"让每一个孩子都是飞翔的小天鹅。"

—— 校长观点 ——

" 少先队工作是学校工作中实现'立德树人'的主阵地。"

课程，我们构建了一个队员们喜闻乐见、人人皆有所得的成长乐园。

教育是一种潜移默化的影响

注重礼仪是中华民族从古至今的美德。新时代对"礼仪教育"的诠释，更是要求将其内化为个人修养和行为习惯。我们精心设计的礼仪活动课程应运而生。我们的红领巾礼仪活动课程，将课堂教育、日常养成、情景模拟和四次典礼相结合；从学礼仪、知礼仪、用礼仪，到将其内化为其生命的一部分，自此，形成了一个系列的整体性课程。"润物细无声"，我们要让每一个孩子，在入校的那一刻起，就开始无时无刻受到教育的影响。

礼仪课程精心设置，注重养成。

学校开发编写了校本教材《文明礼仪我先行》，根据学生的不同年段特点，在教材内容上进行层级设计，在教学方式上进行多元选择，体现了科学性、系统性、层次性和实践性。

一、二年级，侧重《礼仪三字经》诵读学习，内容涵盖了队前教育、少先队礼仪、课堂行为规范、队列行为规范、学习习惯养成等应知应会的基本礼仪。

而三年级是孩子行为习惯、学习态度从可塑性强转向逐渐定型的重要过渡阶段，进一步强化社交礼仪、电话礼仪、拜访礼仪、接待礼仪等学习，让他们在自己的学习、生活中的方方面面开始应用礼仪。

为了体现"队员的阵地队员管，队员的活动队员做"的思想，在四年级我们还开展了"队员自主课"。学期初，队员们根据自己的兴趣爱好选择一项礼仪活动作为上课内容，由辅导员老师进行筛选，排列上课秩序表，安排在中队会课之中。队员自己写方案、制作PPT，和同学一起磨课、试讲，积极性大大增加，茶艺、插花、形体、口语表达等自主课内容，已形成弟弟妹妹们的必修课程。动员五年级的队员们在学校内进行"好习惯微视频"拍摄，通过正确行为与错误行为的对比，增强直观教育效果，强化队员良好的行为习惯。

四次典礼促进学生内外兼修。

为了锻炼队员们的内省认知能力，获得全面而真切的情感体验，形成组织的光荣感和归属感，我们还精心设置了一系列的仪式活动。

开笔礼：新生入学时，开展以"开笔启智，圣贤为师"为主题的开笔礼活动。由礼官诵读《开笔礼辞》，"先生"们为孩

—— 校长观点 ——

" 学校精心设计礼仪课程，注重行为习惯养成。"

子们点朱砂开智。孩子们用稚嫩的小手执笔，认真地写下一撇一捺。"人"——这是他们人生中学写的第一个字，笔画简单，却蕴含着深刻的含义：一笔写道德，一笔写才能，做一个德才兼备的中国人。一个大写的"人"，一段开启的人生，意味着孩子们正式进入了求学生涯。

入队礼：在每年的儿童节前夕，学校会举行盛大、庄严的入队礼，通过"三旗传递"这一"党、团、队"相衔接的组织意识教育，让一年级的孩子们深刻地体会到成为少先队员的责任感和荣誉感。庄重的仪式激励着同学们热爱自己的祖国，珍惜幸福生活，努力勤奋学习。

成长礼：十岁，进入了"少年"这一阶段，标志着队员们的人生迎来了一个新的起点。学校精心规划成长礼，旨在让学生体验成长的快乐，理解父母的养育之恩，师长的教诲之恩，学会感恩，懂得分享，队员们经过十岁盛典的洗礼，必将带着梦想踏实前行，遇见最好的自己。

毕业礼：临近毕业，作为每一年的保留仪式，学校会组织六年级队员们前往名人馆，参加"追寻名人足迹，扬起理想风帆"的主题毕业礼。队员们齐唱国歌、感恩师长、老师赠言、读父母写给自己的一

—— 校长观点 ——

❝ 贯穿六年生涯的四次典礼，促进学生内外兼修。❞

封信等仪式。仪式之后，跟校长一起缅名人，立志向，心怀梦想，锐意启航。

教育是一种心思巧妙的激发

—— 校长观点 ——

实践体验课程强调实践，注重学生的亲身体验，引导学生通过"体验式学习"积累经验，感悟人生，全面地认识世界。教育不是灌输，它要通过精心设计，来激发出学生正确的情感价值观，让核心价值观在孩子生命中"落地生根"。

节日课程注重文化传承。

由春节、端午、中秋等节日连接起来的中国传统节日宛如一幅历史文化长卷，包含着丰富的内容和礼仪形式。而如今的少年儿童对传统节日文化的了解出现了严重的缺失，弘扬优秀传统文化迫在眉睫。我们细致梳理了国家传统节日，抓住春节、清明、端午、中秋四大节日围绕三种课型（队会、小队、仪式），联动三类人群（队员、家长、教师），利用三方资源（少先队、家庭、社区）系统规划学校少先队工作行事历，让民

> **教育不是灌输，它要通过精心设计，来激发出学生正确的情感价值观，让核心价值观在孩子生命中'落地生根'。**

—— 校长观点 ——

66 各种各样的实践活动课程，将学习资源由校内向校外无限延伸。99

族文化、民族精神、民族情感在传统节日活动中落根生根，为每一位队员增添更多的成长动力因子。

特色六节彰显学校活力。如果说传统节日课程为学校少先队建设搭建了共通的平台，那特色节日课程则是队员们发挥智慧、展示个性的舞台。我校有淘宝节、数学节、科技节、艺术节、阅读节、体育节。以科技节为例，我们会在一个月中开展一系列大型的科技活动，如科技嘉年华、科技动手做、科普周等，动员全体学生参加科技制作与展示，激发学生创新、创造的欲望，从而培养学生多种能力。在刚刚结束的科技节中，六年级开展的"庆港珠澳大桥全线通车，西小六年级桥梁模型比赛"活动，深受师生好评。科技组还筹备组建"家庭创客联盟"，将科技活动与家庭教育有机结合起来，形成家校合力，共同开展特色活动课程教育新模式，惠及更多西小学子。

生命教育健康身心。满足队员在平安自护、身心健康、学习成长、社会生活、网络安全等方面的成长需求，利用安全教育课、安全疏散演练、心理健康课、素质拓展活动，帮助学生认识生命、爱护生命、敬畏生命、发展生命，为学生的终生发展和幸福奠定基础。

志愿服务传送关爱。为了充分发挥队员责任意识和实践能力，创造少先中队人人可为，常态可为的良好局面，开展志愿服务活动，如人口普查宣传、学雷锋、关爱贫困人群活动、远离毒品、预防溺水、上街推广普通话、"重阳节敬老"、爱心义卖捐助患病儿童等一系列活动，既增强了队员们的公益观念，培养了学生的劳动技能和意识，又对学生的健康成长、和谐发展起了积极的推动作用。

教育是一种尽情体验后的绽放

当实践的场所从国内拓展到国外，我们将课程升级，设置了"全景课程"。这是一种统揽世界的开放型课程，让孩子们尽情体验国际化的教育。也只有感受、理解、包容了多元文化，孩子们才能敢于在国际舞台上展现自我。教育的花朵，才能勇敢绽放。

聚资源，勤交流，感受中华文化。

合肥地处祖国中部，南北交通方便。队员们走出校门，踏足湖南、贵州、海南，以及长白山、神农架，走进酒泉卫星发射基地……追寻红色文化、探索未知世界、体

—— 校长观点 ——

❝只有感受、理解、包容了多元文化，孩子们才能敢于在国际舞台上展现自我。❞

—— 校长观点 ——

❝从国内到国外，我们的红领巾课程成为展个性魅力，融国际教育的大舞台。❞

验风土民情，感受大好河山，增强队员们爱祖国、爱家乡的情感。

合肥作为安徽的省会城市，我们从很早起就有加强文化多元共存与统整，构建交流、理解、融合、共享为一体的区域教育国际化发展意识。我们与香港启基学校签订了友好合作协议。这几年间，我们双方始终保持着良好的合作交流关系，互相感受对方学校的教育教学环境、人文气息。

拓视野，融文化，走向国际舞台。

为了拓展视野，增长见识，我校还带领高年级队员前往美国、加拿大、奥地利、韩国瑞山赫石初级学校等地开展国际研学活动，与世界不同地方的小伙伴们一起上课、游戏、参观、访问、演出，读懂他们的文化，也带去我们的文化，促进了师生对于世界各国文化的认同、理解和包容，让孩子们有"中国心和世界眼"。我校"徽风皖韵花鼓娃"应邀参加维也纳金色大厅新年音乐会演出，校合唱团参加国际合唱节，学生管乐团参加国际管乐大赛、机器人社团参加美国第十九届国际家用机器人比赛……让我们的红领巾课程成为展个性魅力、融国际教育的大舞台。

古文中"德"字的意思是"所行之路"的方向，这其实是在告诉我们，少先队工作就是要让孩子们在"行走"中实践，在实践中成长。教育是一种影响，更是一种塑造。就让我们接过鲜红的旗帜，执着践行光荣使命，从传统文化中汲取营养，从实践体验中激发力量，在全景课程中尽情绽放。我们在努力为学生的终身发展涂上一层底色，让孩子们能够拥有长久幸福的力量！

—— 校长观点 ——

❝ 坚持立德树人，让孩子们拥有长久幸福的力量。❞

拥有时间是幸福的，用好时间是智慧的

孙纳新

上海市普陀区武宁路小学校长，上海市特级校长，"上海市星星火炬奖""上海市园丁奖"获得者，上海市教委"双名工程"培养对象，曾作为上海市"影子校长"赴美国加州进行学习交流。她以"三开"理念立校，力图为孩子们打造一个"开心、开放、开创"的乐园，旨在让所有学生享有最好的教育，拥有快乐的童年。她领衔开展了多个市级课题，并主编出版了《开架教育与少先队自动化整合》等书。担任校长期间，学校荣获"国家教育教学成果二等奖""全国优秀少先队集体""上海市少先队示范校""上海市文明单位"等荣誉称号。

各位家长，今天我想分享的主题是"拥有时间是幸福的，用好时间是智慧的"。它源于武宁路小学开展的课题研究，我们从时间这个很小的切口，研究如何丰富孩子的精神生活和文化生活。

每一秒的时间都有意义

我们总是认为时间是属于自己的，无论自己是否虚度也都觉得没有什么。只知道一天24个小时，一个小时60分钟，一分钟60秒。却不知道每一秒都有它存在的意义，你所浪费的每一秒都是在加快自己生命的倒计时。现在很流行的一句话，"你所度过的每一天都是余生中最年轻的一天"，说的也是这个意思。对每个人来讲，时间是非常公平的，成人如此，我们

—— 校长观点 ——

"时间对每个人都绝对公平，每一秒都有意义。"

的孩子也是一样的。

八年前，校长信箱收到了一封学生来信，言语间颇多委屈，哭诉自己在校、在家的课余时间都被父母安排的补习班和作业挤满，没有属于自己的时间。当时，学生抱怨不自由、教师认为学生不会合理安排时间、家长吐槽时间都用在了学业上，似乎成了常态。

经过一番调查后我们发现：孩子们很苦恼，不是在补习就是在去补习班的路上；家长们很无奈，明知孩子有这样那样的坏习惯，但根本没有时间去进行习惯养成教育。"时间，都去哪了？"成了当时家长、学生、老师共同的心声。同时，我们在日常的学校工作中，也发现了随着"80后""90后"父母的增多，他们在家庭教育中存在亲子沟通障碍、忽视孩子心理健康、

—— 校长观点 ——

"孩子幸福健康地成长一定离不开三个纬度：家庭、学校和社会。"

对学校生活认识不足等问题。所以学校以"时间管理"为切入口，开展全方位的家庭教育指导工作。

家庭教育和学校教育有哪些不同?

—— 校长观点 ——

66 家庭教育，是个别化的教育，针对孩子个别的关注、指导和教育，必须由家长来完成，学校无法替代。99

孩子幸福健康地成长一定离不开三个纬度：家庭、学校和社会。在这三者中，我想着重讲讲家庭。对教育而言，家庭是一切教育的基础，家庭主要承担的责任就是培养孩子学会规矩。从社会结构而言，家庭是最基本的一个单位。所以，我们弘扬良好的家庭美德是社会和谐的一个基础。家庭，也是作为孩子成长最初的场所。

第一，家庭教育是个别化的教育。

学校教育和家庭教育，谁在领舞? 我觉得两者之间是系统的、需要互相配合的双人舞。家庭教育，是个别化的教育。针对孩子个别的关注、指导和教育，必须由家长来完成，学校无法替代。即便是二胎家庭，你对孩子的教育，灌输的是家长的教育理念，承载的是家庭的期待。那么你对孩子的教育肯定是带着你们家庭独特"标签"的教育，这是由父母完成的，学校无法替代。而学校教育，以我校来说，有

1200 多孩子，平均一个班级 40 个孩子，教师面对的是一群孩子，可见学校教育是集体化教育。曾经有家长反应，小孩在家里很好，为什么到了学校表现就不太尽如人意？昨天他在家里默单词都默写出来了，到学校为什么又错了？这其实很正常，学校提供的只是一个公共的、普遍的教育，需按照统一进度、统一的课程。在老师的眼里，我们教的是一群孩子，一个班的群体当中肯定会出现"好""不好"，"特殊""一般"，更何况孩子在家和在校的心理状态完全不同，如果知识没有掌握到位的话，表现出的结果当然也不同。

第二，家庭教育是终身性、示范性的教育。

现在的教育越来越提前了，要从胎教开始。因此，很多人从母亲怀孕开始，就要给孩子听音乐、讲故事。这无非就是为了在生命孕育早期就给孩子提供一个教育的环境。而实际上，父母教给孩子的好习惯会让他受益终身。"家长是孩子的榜样，孩子是家长的一面镜子。"这句话一点没错，家长自己可能未必意识到。举例来说，有的孩子到学校里面来，自己的东西放得整整齐齐的。老师家访的时候会发现，这个家里的爸爸妈妈也有把东西归

—— 校长观点 ——

❝ 家长是孩子的榜样，孩子是家长的一面镜子。❞

还原处的习惯。有的孩子说话喜欢大声说，我们接触他的父母，发现他的父母说话声音也是很响亮的。孩子身上反映出来的行为习惯，包括待人处世的方法，都是家长平时在家中潜移默化的教养方式。学校陪伴您的孩子，走过的只是人生当中受教育的某一段时间。但孩子在家庭中是要一直成长下去的。所以，我觉得家庭教育对孩子来讲是终身性的。从这个意义上来说，一个家庭环境对一个孩子的成长，我个人觉得要大得多，影响也要深远得多。

第三，家庭教育的生活教育、人格教育和行为养成教育，学校无法替代。

从人的发展序列而言，家庭是个体生命成长的最初始的场所。中华民族历来重视家庭，中华民族传统家庭美德烙印在中国人的心灵中，融入中国人的血脉里，是支撑中华民族生生不息、薪火相传的重要精神力量，是家庭文明建设的宝贵精神财富。无论时代如何变化，无论经济社会如何发展。对一个社会来说，家庭的生活依托都不可替代，家庭的社会功能都不可替代，家庭的文明作用都不可替代。孩子从小习惯的养成、长大后人格的培养，在孩子出生之后就不断地浸润在了家庭教育之

—— 校长观点 ——

❝学校育人无法彻底替代家庭中的育人，因为对待孩子，真正的'育心'，只有父母才可以完成。❞

中。从幼儿园学到的基础性东西，直到老年时还记忆犹新；从小养成的良好习惯会伴随人的一生，时时处处都在起作用。凡是好的态度和好的方法，都要使它化为习惯，只有熟练得成了习惯，才会一辈子也用不尽。学校育人无法彻底替代家庭中的育人，因为对待孩子，真正的"育心"，只有父母才可以完成。

第四，家庭教育是你的法律责任。

从法律责权上看，孩子与家长具有天然血缘关系，家长具有义不容辞的教育义务。孩子再差，或者孩子有心理、生理上的问题，他依然是你的孩子，你抹杀不了你对他的教育义务。办学过程中，难免会接触到一些不太负责任的家长：自己睡懒觉，让孩子陪自己睡懒觉，不送孩子到学校上学。自己爱玩，对孩子的学习也放任自流。生而不养，父母之罪；养而不教，父母之祸；教而无方，父母之过。如今，有很多父母把养子教子之事推给爷奶，推给学校，推给社会，还不停地抱怨，抱怨爷奶年迈，抱怨老师无能，抱怨社会不公。当下，最需要教育的不是孩子，而是那些不懂得为人父母的家长。

—— 校长观点 ——

"最需要教育的不是孩子，而是那些不懂得为人父母的家长。"

—— 校长观点 ——

"人生像是一场马拉松，有些人喜欢快跑，有些人适合慢跑。"

家庭教育主要教什么？

如今，"70后""80后"有很多家长的学历很高，自己受教育的程度也很高。他的生活观点、知识经验是信息化社会、网络时代下的碰撞。处在这样的教育信息爆炸时代下，难免焦虑。很多有意识的家长知道要为孩子塑造更好的环境，创造更好的条件，积极调动各方资源，将孩子的学习安排得满满当当。家长的有些观点，我不说是错的，但家长你们要尊重孩子的一些想法。我也在这里给家长提个醒，过多给予孩子一些压力，特别是那种"我们做父母的文化层次这么高，我读书也不差，你怎么就学不好呢？"的想法，这种话语让孩子无形中的负担更大。

家庭教育看中孩子哪个方面？一项全国调查显示，52.5%的家庭教育仍然着重"为孩子安排课余学习内容"；34.6%的家庭在"陪着孩子做功课"。反而忽略了对孩子身心健康、做人教育这些家庭最基本职责的履行。这很大程度上反映了当前不少家庭在育儿职责上的"越位"或"错位"现象。这也就造成了孩子整天抱怨没有自由，家长也埋怨"书都来不及读，哪有时间管其他"。

我曾经问过我们学校的孩子，双休日里面爸爸妈妈有没有让你去参加什么补习班？孩子无一不说有。也有家长问我，大家都在补课，那我们要不要参加？也有一些家长，孩子还在幼儿园就问，拼音要学吗？字要认吗？我也和各位谈谈我的观点。其实，把孩子双休日安排得满满的这些家长，他们的心理，是不是有一些转移责任的成分在里面——都是将自己应该培养孩子、教育孩子的责任，转嫁给了教育机构或者是转嫁给某某个别的老师。家长在各个补习班间疲于接送，可想而知，上课的孩子该有多辛苦。

从小到大，人生的读书过程可以说是极其漫长的，更何况我们还一直在强调"终身学习"。它像是一场看不到终点的马拉松，而不是 100 米的冲刺。所以，现在的抢跑可能会领先一点点。但是学习如果没有很好的耐力，跑到最后慢慢会弱下来的。何况孩子之间本来就是有差异的：如果在学校上课的时候，明显感觉您的孩子上课有点累；或老师面对 40 个人上课的内容，孩子仍然觉得内容多且深。这样"吃不下"的孩子，你可以请人，或者你自己可以在双休日对他进行一些补习。而另一

—— 校长观点 ——

" 有时间发展兴趣，才能在课余'领跑'。"

种，学有余力，精力没有地方发散，双休日不知道干什么，在家里和你"搞"。这样的孩子，外面机构当中有些提高类补习班，可以让他去"发泄"一下自己的精力。所以在你做决定"开补"之前，先观察、了解、询问一下的自己的孩子，是否学有余力，是否针对薄弱环节重点提升，比较有针对性地解决问题，而不是随大流盲目在补习班间奔命。

孩子需要有兴趣爱好，这一点已毋庸置疑。但是孩子已经被占满双休日，哪有时间去培养兴趣爱好呢？我建议，周末是孩子们难得可以暂时离开繁忙的学业，去玩耍、去接触社会、去培养兴趣爱好、去体验不同的事物的最佳时间，即使我们不能把周末的两天全部给到孩子，但至少我们也不要把周末全部占领，让孩子有自己的时间，去做自己喜欢的事情。把双休日的课余时间还给孩子，让他们的知识更加广博，尝试不同的运动和活动，找到孩子的爱好和天分，让孩子在自己擅长的领域找到自己的空间和方向。孩子的成长不仅仅需要成绩，丰富的兴趣爱好也可以证明孩子的优秀，多方面、综合性的发展才能在比赛中起到领跑的作用。

—— 校长观点 ——

"不要把周末全部占领，让孩子有自己的时间，去做自己喜欢的事情。"

学校教育做些什么？

—— 校长观点 ——

"学校永远是正面教育。从小学开始我们就要给孩子树立良好的人生观、价值观，他们才能有幸福、美满的人生。"

我刚才讲了家庭教育的几个方面。家长难免质疑，都是家长的责任，学校的作用呢？学校教育是训练学生遵守"规定"，社会教育是训练公民遵守"规则"。我们有很多行为规范的教育，有很多"在校一日规范"，这些都是规定、规则，是由学校教育完成的。

扣好人生的第一粒扣子。迈好人生的第一步，学校如何帮助孩子"扣好人生的第一粒扣子"？

第一，学校帮助学生从小树立正确的人生观，价值观。学校永远是正面教育。从小学开始我们就要给孩子树立良好的人生观、价值观。他有一个正确的行动才能产生良好的结果，才能有幸福、美满的人生。

第二，学校通过"家校共育"，帮助青少年树立远大的理想。这个理想，其实是要我们的孩子重在当下，关注未来，引导孩子胸怀大志，放眼世界，脚踏实地，成就未来。理想教育，其实学校每年都对孩子进行，小学阶段的理想教育，一般都非常具体化、形象化。我们曾经在武宁路

—— 校长观点 ——

" 学校教育和家庭不一样，它是集体主义的教育，孩子可以在一群人里生活，既融入共性又保持个性。**"**

小学组织过一场"@Dream"活动，要求孩子们写下自己的梦想，再由老师们给孩子回信。活动做完之后，我们发现我们的孩子非常可爱，他们有的理想很形象："我长大以后要做一个厨师，因为我自己很喜欢吃。"他的理想和梦想之间，概念有些模糊。所以，在这里需要学校通过正面引导，帮助我们的孩子树立良好的价值观，树立远大的理想，这样他才有一个长远的目标。

第三，学校要积极组织实施丰富多样的家校合作活动、校园文化活动和社区公益活动，让孩子在集体生活中培养能力，在社会实践中增加才干。在家庭里面，再怎么培养，他还是一个个体，还是一个人。他在学校里面不一样，学校里面是一群人，我们会组织让他在集体生活当中学会怎样与人相处。比如学乐器的孩子，相信有很多家长都让孩子学习了乐器，但是学乐器的孩子参不参加乐团有区别。乐团也是一个集体，相较于自己一个人在家里练习，在集体的环境中，有时候演奏需要你这个乐器轻一些，有的时候要亮相，有时需要你和别人合作，乐团中需要团队合作。我一直说，参加乐队是一种特殊的训练。你乐器学得再好，你也要争取加入乐团，乐团是集体教育。所以，我觉得学校教育和家庭不一样，它是集体主义的教育，孩子可以在一群人里生活，既融入共性又保持个性。

第四，学校为孩子创造获得成就感的条件。哈佛大学经过 25 年的跟踪调查发现，3% 有清晰长期目标的人大都成了顶尖成功人士。就是说，从小自己知道想干什么，朝着这个方向努力。10% 有清晰短期的目标大都成为专业人士。60% 目标模糊者能安稳工作生活，无特别的成绩。就是他一会儿想干这个，一会儿觉得干那个也不错，目标不清楚。27% 无目标的人，经常失业，生活动荡。从这个研究比例看，尽管绝大多数的人今后都会成为其中 60%的普通人，当然我们的社会需要普通人。但如何在学校教育当中帮助我们的孩子从小树立远大的目标，明白自己要干什么，就非常重要。这个目标可以分解成一个个的小目标，可以是和同桌间的一次竞争，可以是一次较难目标的达成。对于我们现在比较小的孩子来说，我们可以将目标分散，变成一个个的小目标，让孩子在一次次的小目标达成中获得一种成就感、自豪感。

—— 校长观点 ——

" 将目标分散，变成一个个的小目标，让孩子在一次次的小目标达成中获得一种成就感、自豪感。"

—— 校长观点 ——

" 一二年级的低年段，知识点很浅，重点在于学习习惯的培养。"

等第制改革了之后……

我与孩子、家长的沟通过程中，有家长提出分数制较之等第制更加明朗。市教委为什么要推等第制？尤其是小学阶段，我觉得很有必要。小学阶段你说他89分和90分，其实没有多大的差异。如果过早让孩子觉得我考得不好，会让他缺少学习的兴趣和自信心。尤其是一二年级的低年段，知识点很浅，重点在于学习习惯的培养。

我们学校推出的是等第制加评语。我们细化成各项指标，哪些指标是A，哪些是B，一目了然，并会再给一段评语描述一下孩子存在的主要问题。等第加评语，更加全面地反映了孩子的学习状况。家长不要再去关心孩子考多少分。因为我们调查的过程中，发现家长这方面还是有误区。并且有这个需求的，都是学习比较优秀的孩子。他觉得我考100分也是优，错了几道题也是优，没有优势感。其实小学阶段，分水岭在三年级出现。三年级知识的内容相对复杂一些，学习能力浅和学习能力弱的孩子就区分出来了。

现在我们提倡的是基于标准的教学与评价。老师的教学，我们都有课程标准。

孩子学前学得再多，到了学校里面，学校还是按照这个标准贯彻教学大纲，实施课堂教学。学前教育学得再少，或者一个字都不认识、拼音都没有学过的，到了三年级，只要养成了良好的学习习惯，也基本都可以赶上大部队。我个人觉得，比起在乎孩子是否满分，家长更要培养对生活、对学习充满热情的人。武宁的办学理念是"开心、开放、开创"，我们的孩子特别阳光，个性特别张扬，对生活充满热情。

你的孩子"特别"吗?

多年办学，我发现那些成绩优秀，能力很强，很受欢迎的孩子身上总有一些"特别"之处:

（1）特别会倾听，这是一种学习的态度。不管他做什么，比如他去听一场报告，听一场话剧，在课堂当中听课，他都很喜欢听，很仔细。在学习上，特别会学习的尖子生会做笔记，会总结学习的知识、提高能力，并作拓展等，而且老师的教学他会非常认真地听，会根据老师的经验去领会这堂课到底讲了什么。老师和他个别交流，包括同学交流，他也都特别喜欢听。

（2）特别勤快，这是学习行为的表现。

—— 校长观点 ——

❝ 在学校老师适当'示弱'，在家中父母适当'示弱'，给予孩子表达的空间和信心，一方面是提高他的兴趣，另外也是在培养他的交流能力。**❞**

比如老师和他说，你这道题目错了，最好可以把这个再练练，或者是自己再读几遍。他就特别听老师的话，又特别勤快，做任何事情动作特别快。

（3）特别会提问，这是讲学习的深度。提问比解决问题更重要，可以发现问题，学习就有深度了。一篇课文，老师上课的时候，40 个人在那里上课，老师说："你有什么问题吗？"为什么有的孩子能提出问题，有的人提不出问题？能够提问的孩子，已经在学习的过程当中进行了思考。特别会学习的孩子，能够找到自己的学习问题。

（4）特别善思考，这是讲学习的方法。有的时候问题问不出来，因为他没有思考。能够思考，消化、吸收、整理、加工、巩固、创新，想明白了，就可以触类旁通，他的思维就比较活跃。

（5）特别愿意交流，这是讲学习的技巧。也就是说，他愿意把自己的看法讲出来，愿意和别人交流。我一直和老师讲，其实我们平时在上课的过程中，我们是反对老师"一言堂"的，在学校老师适当"示弱"，在家中父母适当"示弱"，给予孩子表达的空间和信心，一方面是提高他的兴趣，另外也是在培养他的交流能力。

（6）特别会安排，这是讲学习的习惯。

自己明白，我的长项是什么，有的孩子会告诉我，"我的语文特别好，基本不要复习。数学还可以，但英语很差，每次考英语我要安排时间多背背单词"。其实你知道吗？这个孩子已经在安排自己，他自己明白学习方面什么时候做什么、下一步该做什么，他已经将自己的学习过程安排得充实而有序，他是一个会安排的孩子。

（7）特别有信心，这是讲学习的心态。特别有信心的孩子，觉得我有能力把事情做出来，对自己的学习有雄心壮志，这样的孩子才可以做好。有的时候一道题目卡住了，他有信心就会钻在里面做。一旦做出来，那种充满成就感的笑容是看得见的。而有些孩子遇到不会做的题目，后面就理所当然的空白。对于稍有困难的学习没有一点挑战的信心和欲望，这也是不行的。

（8）特别有毅力，这是讲学习的态度。遇到困难，想办法去解决。在解决的过程中，整个状态也是积极的、向上的。其实，我们会发现有很多的特点相互间是相通的。

（9）特别有追求，这是讲学习的目标。为什么而学习？是为了今天考得好，爸爸妈妈明天会带我到哪里去玩？或者干什么？这是小目标。家长要帮孩子建立一些大目标。

—— 校长观点 ——

❝觉得我有能力把事情做出来，对自己的学习有雄心壮志，这样的孩子才可以做好。❞

（10）特别有朝气。每一个孩子的性格不同，表现方式当然也不同，有的学生早上进校就活力满满，看到老师同学主动打招呼；而有的孩子坐在教室里一整天毫无存在感，上课不举手、老师提问也不回答，也不爱和同学一起玩。我希望小学里的孩子还是多一些天真和快乐。

怎样做不焦虑的家长？

要想做不焦虑的家长，我觉得家长要调整自己的几个目标：

第一，不只教认字读书，更要培养完整的人。

家长注重孩子读书无可厚非，但比起双休日的疲于奔命，不如用双休日的时间陪伴孩子，去接触大自然，用这个时间和他交流、沟通，了解孩子的真实想法，发现孩子在学习、交友中的问题。培养完整的人，比读书、认字更重要。小学阶段我一直强调六个字：习惯、兴趣、性格。小学阶段养成良好的学习习惯，培养积极的兴趣爱好，拥有开朗向上的性格，那他的中学、高中不会偏到哪里去，肯定是比较正的孩子。

首先，习惯养好了。比如他回家第一

—— 校长观点 ——

66培养完整的人，比读书、认字更重要。99

件事做作业，从小养成的习惯到后面便自然而然成定势。其次，对学习充满了兴趣。不需要靠家长整日盯着被动学习，而有一种自发的学习力量。最后，孩子有一个阳光的心态比什么都重要。能经得起表扬，当然也能接受批评和挫折。至于他背了多少古诗，做了多少作业、算术，我觉得他长大了自然会。我的师父——静教院一小张人利校长，就一直认为，一年级数学课一节都不上，到了二年级以后，所有一年级的知识点在二年级全部都教会。其实，孩子到了某个时间段自然而然就会了。有些成语他不理解，到一定的年龄层次，在这样的环境和语境当中自然就体悟了。家长不要急，不是有句话叫"陪着蜗牛去散步"吗？慢慢来。

第二，教育始于家庭，家长的教育理念、教育方法、教养方式深深影响着孩子。

在一个人的教育中，父母的家庭教育是成功的关键，对一个人起着至关重要的作用。父母对孩子的教育进行得最早、时间最长。良好的父母教育可以让孩子在规则与自由中健康"成人"。曾经在网上看到过一张照片，一位妈妈给孩子送东西，正是早上第一节课，走廊里面铺着大理石、地砖。这位妈妈怕影响学生上课，便把自

—— 校长观点 ——

"教育始于家庭，家长的理念、方法深深影响着孩子。"

—— 校长观点 ——

" 我们要教育好孩子，首先我们自己要'身正'。"

己的高跟鞋脱下来拎在手里，自己轻轻地走过去。我想这个妈妈的孩子，肯定也会从别人的角度来思考问题。还有一位年轻妈妈，带着年幼的孩子坐飞机，怕自己的孩子会吵到别人，写了信、准备了礼物发给周围乘客。这些，都是父母对孩子的教育，都是学校无法替代的。我在这里讲的，我们要教育好孩子，首先我们自己要"身正"。

相反的，没有规则的自由是放任。你给他自由，一定要有前提条件：完成了什么事情，才可以做什么事情，这是有条件的放任。举一个例子，很多家长现在都在问我，我们的小孩就喜欢手机，就喜欢玩IPAD。怎么办？有瘾。现在我们学校上课也在用IPAD。信息化社会下，你一味地收掉、不给、遏制，孩子对这个一窍不通也不行，会落伍。父母可以不用吗？也不行。很多家长问我这个问题的时候，我会说，你可以和孩子"讨价还价"。孩子在规定时间内完成了学习要求，可以玩15分钟。并且家长对App内容必须做好筛选和监管，而不是一味地抹杀。现在的孩子不懂信息技术，将来也不行。

第三，培养孩子自信、悦纳、爱思考、善表达的品性。

我一直强调，小学当中做三个词：兴趣、习惯、性格。他自信了，出去看到大的场面不惧怕，将来肯定是成大事的人。你到社会面试还要向别人介绍自己，所以一个人的表达能力非常重要。我们学校开展了戏剧课程，这么小的孩子学戏剧干什么？其实，我们是让他学表达，学习如何展示自己，向别人介绍自己，向别人宣传自己，这到将来找工作也是需要的，非常重要。

爱因斯坦说过，一个人提出问题的能力比解决问题的能力更重要，想象力远比知识更重要。中国的教育模式偏重知识，记忆力好的人，很多是背出来的。包括一些奥数学得好的人，他是不断的记题型，是刷题刷出来的。真正他的思维能力、应变能力、解决问题的能力如何？这要靠我们从小对孩子的教育。中国到目前为止，为什么还出不了诺贝尔奖？我们搞教育的人也知道，孩子的思辨能力需要我们加强培养。孩子积极思考，主动提出问题、这对孩子思维的发展极其重要。或许有些父母会问，如何才能让孩子想问、会问？家长不要再关心孩子考了多少个100分，更何况现在考试没有100分，现在是等第制加评语。鼓励孩子积极思考，主动提出问

—— 校长观点 ——

"孩子积极思考，主动提出问题、这对孩子思维的发展极其重要。"

❝如果有一件事情是孩子最喜欢做的，而父母又创造条件让他做这件事，孩子是会有幸福感的。❞

题。在孩子的天性中，有一种求知的欲望、他们心中原本有着无数个"为什么"，想了解这个奇妙世界的本来面目。是成人习以为常的姿态和不以为然的态度，逐渐扼杀了孩子的这种求知冲动。

怎么说孩子才会听？

如果有一件事情是孩子最喜欢做的，而父母又创造条件让他做这件事，孩子是会有幸福感的。我觉得教育也是如此，支持自己孩子的兴趣，并尽可能地为他创造条件。

我想到三句智慧的父母在培养孩子时会说的话，希望给家长以启示：

（1）"我为你感到骄傲。"曾经无数的成年人提及自己的成长经历时，总会因为自己的努力与成绩没能得到家长的肯定而潸然泪下。有多少孩子，终其一生的努力拼搏，仅仅为了获得家长的一句肯定。受伤的孩子，内心脆弱之时，更需要家长的及时肯定。假如孩子总是得不到家长的肯定与鼓励，除了一根筋死磕到底地证明自己以外，还可能走向极端，自暴自弃，或破罐子破摔。面对受伤的孩子，"我为你感到骄傲"这句话所传递的信息是：你的努力和付出，你的成绩和进步，我看到了，你很棒！在"看到"的基础上"肯定"，是家长需要传递给孩子的态度。但大多数的父母在孩子达不到自己的期望时，就会表现出指责、不耐烦、失望的态度。

（2）"你可以放心地告诉我，我会控制好自己的情绪。"很多时候，孩子不愿意和父母沟通，无非是害怕父母批评、责备、失望。当家长意识到自己失控的言行可能会给孩子带来极大的伤害时，应该第一时间坚定而决绝地告诉孩子"我会控制好情绪"。对于孩子而言，尽管从辈分上自己未能与家长平起平坐，但是在他们的心里，常常有着一架天平，自己在这头，家长在那头。孩子渴望能够与家长平等、真诚地沟通。而当天平常年失衡时，家长看似是赢了、战胜了孩子，但孩子的心，早就对父母关闭了。

（3）"孩子，犯错没关系，我还是爱你。""我爱你"——这是一句多少孩子梦寐以求能从家长口里说出来的话，这是一句多少家长想表达却深埋心底的话语。当孩子受伤时，特别是当孩子觉得自己犯了错、闯了祸、变得糟糕透顶、不可饶恕时，往往沉浸在担心、害怕、恐惧中，觉得家长不会再爱自己了。这句话说明你明确告

—— 校长观点 ——

"在'看到'的基础上'肯定'，是家长需要传递给孩子的态度。"

—— 校长观点 ——

"用'正行为'帮助孩子'省'出可自由支配的时间。"

诉孩子你很爱他，孩子的心里会觉得非常温暖。让孩子知道家里是一个有爱的地方、人都会犯错，可作为父母，你们无条件地爱他。

省时可以这么做……

我们常说，时间就像海绵里的水，挤一挤还是会有的。前面讲了很多观点，接下来如何省时间？这就是我们学校做的课题。对孩子来讲，到了小学以后，由于时间不够用，所以一些兴趣爱好家长就放弃了。有些即便坚持到一、二年级，也是学琴的不学了，画画的不画了，都转去学语数外了。进入小学，就放弃了一些兴趣和爱好，我不赞成。时间哪里来？如何"省"时间让孩子自己自由支配？

（1）用"正行为"帮助孩子"省"出可自由支配的时间。在家中，家长从观念上、行为上言传身教，做好珍惜时间、管理时间的榜样，不要孩子写作业你看手机，要帮助孩子一起分析每日作业比重，制定作业计划，合理规划放学后可支配的时间。

（2）用"正能量"帮助孩子"省"出可自由支配的时间。学校开展了亲子活动，让孩子到父母工作的岗位上亲自体验一番。

举个例子：一位家长是火车站的售票员。那天这位妈妈在窗口卖火车票，从 8:00 到 8:10 分，妈妈卖出火车票 32 张，平均每分钟卖票 3.2 张。妈妈告诉孩子，如果在卖票过程当中不抓紧假设后面有 10 个旅客在排队，一个人浪费一分钟，就大大降低了工作效率。我们在全校范围内征集了这样真实的案例，通过感性的活动，让孩子知道我们要珍惜时间。

（3）家长学校开设"时间管理"八讲：第一讲《给孩子"不被干扰"的时间》，主要阐述别怕孩子有时间空下来，让孩子也有发呆、空想、享受闲暇、不被干扰的时间与不被干扰的独处空间。第二讲《哪怕以蜗牛的速度提高也好》，主要阐述对孩子的教育不要拔苗，对孩子的期许不要超高，循着儿童成长的自然规律，只要他有进步，哪怕只是蜗牛的速度又怎样。第三讲《兴趣，时间管理的核心》，主要阐述遵循孩子的兴趣取向，满足孩子的兴趣需求，让孩子有时间陶醉在兴趣的海洋中，有获有得。第四讲《耐心地陪孩子慢慢长大》，主要阐述陪孩子长大要有细心、要有耐心、要有信心，选择相信自己的孩子，并耐心地等待收获的成功。第五讲《十分钟的价值》，主要阐述是否一定要把家里的时钟拨快 10 分钟才能改掉孩

—— 校长观点 ——

"别怕孩子有时间空下来，让孩子也有发呆、空想、享受闲暇、不被干扰的时间与不被干扰的独处空间。"

—— 校长观点 ——

" 改 一 改 我 们 的 '口 头 禅'，鼓 励 多 一 点、肯 定 多 一 点、放 手 多 一 点。"

子拖拉的毛病。第六讲《改一改我们的"口头禅"》，主要阐述家长的口头禅不要永远是指责与批评，要孩子提高效率，何不改一改我们的"口头禅"，鼓励多一点、肯定多一点、放手多一点。第七讲《走出"监工式"管教的误区》，主要阐述教育孩子做时间的主人、做学习的主人、做生活的主人，"监工式"的管教只会培养一板一眼的"机器人"，努力营造民主开放的家庭氛围，试着让孩子多一点自主、多一些自动。第八讲《把课余时间还给孩子》，主要阐述独生子女的政策、日益激烈的社会竞争、望子成龙的强烈渴望。

　　总之，我觉得时间对于我们每个人来讲，是与生俱来的财富，很公平。大家都是24小时，这个孩子读书好，不会因为他有28小时，那个孩子读书差，不会因为他只有20小时。24小时如何合理地分配？如何养成一个很好的习惯？从我们学校来讲，我们是"让"时间，"用"时间。从孩子来讲，要做时间的主人，要让更多的孩子拥有丰富的童年生活，让更多的孩子感悟到拥有时间是幸福的，用好时间才是智慧的。

问津校长

家　长：孩子二年级了，很喜欢继续坚持错的，听不进正确的意见。等到大人大吼大叫才流着泪不情愿地做，孩子是不是到叛逆期了？应该怎样引导？

孙纳新：二年级就有叛逆期？我觉得早了一些。父母感觉对孩子束手无策了，我觉得首先父母要反思一下自己在教育过程当中可能有些做法也不是很恰当。孩子的脾气、性格，一般都是从小养成的。前面我已经讲了很多次。我是觉得，不管是大人也好，小孩也好，沟通非常重要。我一直和我们的家长提出要倾听，因为家长都觉得自己是家长，你就是应该听我话的。其实不一定。有的时候家长要学会倾听，倾听孩子的真实想法。他为什么倔？有什么事情引发他倔？万一他是有道理的。所以，你第一步要学会耐心的倾听，让他可以把想法讲出来。做到倾听之后，还要站在孩子的角度去理解，一定要站在孩子的角度理解，不要以你的身份理解这件事。我现在不知道是什么事情他倔，为什么会倔？所以首先是倾听；二是站在他的立场想他为什么这么做；三是沟通。我不知道这位家长说的事情是怎样的？是和老师之间发生？还是和长辈之间发生的？我觉得可以用一些正面的做法和孩子讲你应该怎么做。孩子绝对没有到叛逆期。据我自己近 30 年的教育生涯来看，二年级的孩子不存在叛逆不叛逆，只是性格脾气你没有从小培养好。我觉得要反思的是家长，家长平时跟孩子的说话语气是不是也这么生硬？孩子是什么样的表现，反映的也是你平时的表现。你平时和家人说话是不是也这样生硬？和家里人是不是经常发怒？没有这样的情况，孩子不会这么倔。

家　长：孩子有时候觉得老师对自己不公平，常常觉得失落。不知道家长怎样做才可以使老师和孩子间的这种情况得到解决？

孙纳新：这个情况太普遍了。这要分两方面来看，孩子觉得不公平，你怎么知道的？定是孩子回来告诉你的。孩子在跟你讲述这件事情的时候，他一定是站在自己的立场上描述这件事。所以我觉得分两种情况：第一种，这件事，有可能确实是老师做得有所欠缺。第二种，也可能是老师很公平，是你的孩子觉得老师不公平。对待这两种情况，我觉得要分开看。回家之后孩子告诉你这件事情，你先听听孩子讲的有没有道理。孩子表述时肯定是站在自己的角度上，对他有利的话会多讲，对他没有利的话他可以不讲。你了解了这件事，我觉得第一件事就是到学校找老师沟通。沟通之后，如果你觉得不是老师的问题，你就要回来很好地与孩子再次进行沟通，告诉孩子，不仅要面对顺境，也要面对逆境。当老师批评你，为什么要批评？老师的批评是希望你改掉这个坏毛病，这时候家长和老师站在立场一样的前提下对孩子进行教育。沟通下来，老师是公平的，是孩子曲解了。

如果和老师沟通之后，家长也觉得这个老师似乎做得是不公平，这时候怎么办？家校合作，必须要达成一致。你可以把你的想法、你孩子的想法和老师进行沟通：老师我觉得孩子怎么怎么样，然后让老师理解你的想法。可能老师了解这件事原委的过程中，有不妥之处，造成了孩子觉得不公平，里面有些误解。和老师沟通你的想法，也许老师会改变。如果还是难以协调，可以和学校领导反映。当然，我们觉得，如果可以和老师沟通解决是最好的。千万不要想当然地在孩子面前表达出你对老师的不满，如果让孩子知道你跟老师是一条战壕，这样孩子才不会钻空子。如果让孩子知道妈妈帮我，老师不好。那么他到学校还会听老师说吗？老师对他的任何教育都化为零了。这个不公平要一分为二地看。

尊重生命　让每个孩子健康成长

申伟英

上海师范大学附属外国语小学校长，上海市特级校长，中学高级教师，区拔尖人才，曾获上海市新长征突击手、上海市园丁奖，首届浙、沪、苏长三角地区教科研标兵等。多篇教育、教学论文在市、区各级刊物发表。主编出版了《学校整体推进生命教育的实践研究》《翻转课堂任我飞》等。领衔的课题《学校实施生命教育的实践研究》和《整体推进生命教育实践研究》成果分别获得上海市第九届和上海市第十届教育科研成果三等奖。

—— 校长观点 ——

"尊重生命，让孩子健康成长。"

各位家长好，今天跟大家分享的主要观点是"尊重生命　让每个孩子健康成长"。2011年，上海市基础教育工作会议上，提出了一个目标，那就是让每个孩子健康快乐成长。围绕这个目标，近几年上海市做了很多的事情，那么对于我和我的学校来说，我们是怎么做的呢？华师大叶澜教授说："教育是直面人的生命，通过人的生命、为了人的生命质量的提高而进行的社会实践活动。"因为"教育的直接对象永远是一个个具体的、有生命的个体。"因此，我一直致力于尊重生命的教育。不管是以前我所在的方塔小学、还是现在的上师附外小，我不断地通过行动来实践这一理念。

牛娃简历引发热议

在具体分享这些做法之前，我想要给大家看一个最近引起广大家长关注的事情——"牛娃的简历"。

近日，上海一位 5 岁小朋友的简历流传网络引起热议，里面有这位小朋友关于温馨家庭、独特性格、多彩经历、丰富爱好、教育观等方面的详细介绍。这份堪称"别人家孩子的简历"，足足有 15 页之多，这到底是一份什么样的简历呢？

（1）自我介绍和简历目录。从简单的自我介绍中我们能看出他的父母将未来教育需要的素养渗透在他的方方面面。

他的英文名字很有趣，是中文的拼音，从这里我们能感受到孩子身为中国人的骄

—— 校长观点 ——

"父母的文化底蕴对孩子来说是一种激励，一种鞭策，也是一种教育。"

傲，表达了强烈的爱国热情，这正是未来学生应具有的国家认同素养。

（2）家庭背景介绍。爸妈都是复旦高才生，现均在上海任企业高管，是"复（旦）二代"呀！

他有一个良好的家庭环境，父母的文化底蕴从小耳濡目染于他，对他来说是一种激励，一种鞭策，也是一种教育。

（3）读书量介绍。这位 5 岁宝宝的读书量也是令人惊叹，已认识 1500 个字。英文书年阅读量从 3 岁前的 100 本提升到幼儿园中班的 500 本，实在令人叹服，也许很多家长也达不到这样的阅读量。

（4）行万里路。短短 5 年，他去过苏州、杭州等国内城市，也去过日本、越南、印尼等国。视野的拓展不能止于书本，亲身经历它们的美丽景色，体会深厚的文化底蕴，才会更热爱自己的祖国，同时也有助于养成国际理解素养。

（5）史艺数体全面发展。这个仅仅 5 岁的男孩，现在已会背诵百首古诗，每周写 3 篇英语日记，喜欢数独等思维游戏，小小年纪已做几何认知，做实验了解磁力、浮力，还是幼儿园主持人，四岁半开始学钢琴、街舞、足球、游泳皆有涉猎，围棋取得 11 级证书，真正是全面发展的学生。

—— 校长观点 ——

66 视野的拓展不能止于书本，亲身经历它们的美丽景色，体会深厚的文化底蕴，才会更热爱自己的祖国，同时也有助于养成国际理解素养。99

看完这份"牛娃简历"，家长们纷纷表示遭受"一记暴击"，感慨"连这个简历PDF也不会做""这是直接上大学的节奏啊""我的孩子来到这个世界，好像是来凑人数的""这就是别人家的孩子呀！"终于明白了什么叫"输在了起跑线上"……

牛娃现象反映出了家长对孩子的期望。一份简历是一个孩子成长的缩影，也是养成素养的见证。牛娃简历引发热议，折射的是家长的焦虑，更深层次反映出来的是家长成才观的偏颇。受中国"学而优则仕"思想的影响，我们对成才观的认识比较狭窄，全都希望自己的孩子是精英，是天才，把人才和天才画了等号。于是，不顾自己孩子的实际情况，超前超速发展，结果越来越多的孩子被推上了追寻牛娃之路，而这些做法却忽略了最该被注意的孩子。

每个孩子都是有差异的，多元智能理论告诉我们每个孩子都有多种智能，所擅长的智能也不一样，非要统一按照一个模子要求，看似为孩子今后人生考虑，实则容易扼杀孩子的个性和对人生幸福的感觉。因此，面对社会上冒出来的牛娃，我们的家长要淡定，要有清晰正确的认知。我觉得我们可以这样做：

第一，承认差异，充分了解孩子。

—— 校长观点 ——

❝ 牛娃简历引发热议，折射的是家长的焦虑，更深层次反映出来的是家长成才观的偏颇。❞

—— 校长观点 ——

"孩子的发展是有阶段性的，孩子的认知也是有阶段性的。"

承认差异，承认自己的孩子和别人的孩子不一样。可以通过日常观察、参与游戏、共同陪伴、亲子阅读、外出旅游等仔细观察自己的孩子，想办法更充分更全面地更准确地了解自己的孩子，看看自己的孩子有什么兴趣点，有什么需要，有什么跟别的孩子不一样的地方。这一步就是要充分地了解自己的孩子。

第二，肯定孩子，帮助他们发现自己。

在我们充分了解孩子的基础上，要想办法通过一些手段，引导帮助我们的孩子发现自己、悦纳自己，让孩子对自己有一个正确的认知，建立自信。

第三，重视孩子，给予他们发展平台。

当我们发现了孩子本身的问题或者擅长的领域，应该给以针对性的引导，有问题的想办法弥补纠正，擅长的提供条件支持，让孩子在自己原有的基础上逐渐改变、成长和发展。

第四，守护孩子，静待他们绽放。

孩子的发展是有阶段性的，孩子的认知也是有阶段性的，比如 1—2 岁是感觉运动阶段（感觉运动阶段）；2—7 岁是前运算阶段（思维准备阶段）；7—11 岁是具体运算阶段（思维阶段）；11 岁—成人是形式运算阶段（抽象思维阶段）。智力的发展有它的节奏，教育学者皮亚杰认为不能任意加快速度。他强调，要了解儿童，要重视儿童的特点，要适合儿童的发展水平，家长们可以看点儿童心理学。同时，由于个人发展的速度不同，达到某一阶段的年龄也是有差异的。所以，家长不要太着急，要有静待花开的耐心。

我想如果可以这样做，我们的孩子肯定是在健康快乐地成长。

学校怎么做?

—— 校长观点 ——

"承认差异，充分了解孩子; 肯定孩子，帮助他们发现自己; 重视孩子，给予他们发展平台; 守护孩子，静待花开。"

既满足学生全面发展的需要又要满足孩子个性特长的发展，抓手或者说实现的载体是什么，我觉得是课程。这些年来，我们上师大附外小一直在致力打造有品质、有趣味、有个性的课程，给孩子更丰富的课程，让孩子可以自主选择，在课程的学习中让孩子拥有多彩的童年。

那接下来就给大家看看我们学校的课程。

我们的办学理念是"每个孩子都是VIP"，围绕这个理念，我们对课程进行了梳理归类、融合优化、传承创新，将"提炼共性需求，尊重个体差异，为每一个孩子打造量身定制的童年"作为打造 VIP 课

—— 校长观点 ——

❝打造有品质、有趣味、有个性的课程，让孩子可以自主选择，在课程的学习中让孩子拥有多彩的童年。❞

程的愿景，逐步形成了学校 VIP 课程体系：V 课程、I 课程和 P 课程。

VIP 课程涉及语言文学、数学、社会科学、自然科学、技术、体育与健身、艺术、综合实践八个学习领域。

P 课程（Public curriculum），其设置目的是为了让学习更享受，是全体学生都要参加的必修课程。这类课程包括国家基础型课程和限定拓展课程，重在学校的"二次开发"，注重学生学习兴趣的激发和获得更为积极的学习体验。P 课程主要包括：

1. 国家课程

（1）学科类：语文、数学、英语、音乐、体育、美术、自然、信息科技、品社、书法。

（2）专题教育课程：安全、禁毒、乡土、环境、国防、时政。

2. 学科特色课程

（1）外语

① E 海英贝、我来教外语、午间口腔操。

② 英语口语（一年级）。

（2）运动类

① 快乐 Morning 体锻。

② 国际象棋、国际跳棋、快乐轮滑、优雅形体、少儿游泳、活力滑冰、校园足

球联赛。

（3）心理课程

① 健康教育。

② 心理辅导（三年级）。

（4）集邮课程（四年级）

3. 校园文化课程

（1）仪式课程

① 新生入学典礼（一年级）、入队仪式（二年级）、小公民誓师会（三年级）、集体十岁生日（四年级）、毕业典礼（五年级）。

② 每周升旗仪式。

（2）主题融合课程

外语节、数学节、读书节、艺术节、科技节、体育节。

（3）环境课程

4. 实践体验课程

（1）春游、秋游。

（2）学科类参观：博物馆、科技馆、规划馆、消防站、自来水厂、糕点厂、巧克力工厂等。

（3）年级类主题活动："电影进校园"、素质训练（四年级）、毕业之旅（五年级）。

V 课程（Verein curriculum），其设立的目的是为了让学习更有趣，是学生以学习小团队形式参加的选修课程，主要指自主

—— 校长观点 ——

❝合理架构学校课程体系，包括国家课程、学科特色课程、校园文化课程、实践体验课程。❞

拓展课程、社团活动课程等。这类课程重在培养学生的兴趣和爱好，激发学生内在的学习动力，为学生的兴趣发展提供条件和创造平台。

V 课程主要包括：

1. 双语拓展课程：我们的地球村、流利口语、数学乐陶陶、科普英语、邮票设计、探索世界、双语游戏。

2. 文化类课程：阅世界、国际小公民。

3. 社团类课程

（1）体育类：国家象棋、国际跳棋、幻影足球、灌篮高手、弄堂游戏。

（2）艺术类：小主持、合唱队、舞蹈队、拉丁舞、书法社、手工艺术、鼓号队、诗歌朗诵、红读影视、上海话。

（3）创新类：创造发明、车船建模、空模、金钥匙、快乐电脑、丝网花制作。

（4）探究类：植物观察日记、小小学术家、神奇的生活用品、变废为宝，让生活更美好。

I 课程（Intrapersonal curriculum），其设立的目的是为了让学习更有个性。"I" 在英文里是 "我" 的意思。I 课程是符合学生

内在个性化发展需求的选修课程，是专门
为有专才或一技之长的学生开发的个别课
程，这类课程重在为学生的特长提供进一
步发展的空间，培养更加有个人特色的现
代小学生。I 课程主要包括：

1. 小语种课程：日语、韩语、葡萄牙
语、土耳其语、德语、法语。

2. 俱乐部课程：影视表演、斯诺克、
器乐……

3. 主题节外延课程：E 家乐（外语
节）、亲子游园会（数学节）、欢乐颂（艺
术节）。

在开发课程的过程中我们始终遵循：

第一，课程开发要有趣味。

我们通过问卷调查、座谈、观察、能
力测试等方式用心发现孩子的兴趣所在，
使课程学习变得丰富而不枯燥。如我们很
多艺体类课程（除了传统的合唱、舞蹈、
书法、绘画、球类、棋类等，我们还有比
较小众的夏威夷吉他、西班牙吉他、电声
乐队、非洲鼓、高尔夫、斯诺克等）、科
技类课程（除了传统的航模、空模等，我
们还有机器人、stem 课程等）、行走课
程等。

第二，课程开发要有特色。

课程的开发既要符合国家课程的刚性

—— 校长观点 ——

"让学生以小团队的形式参加自主拓展课程、社团活动课程等，激发学生内在的学习动力。"

需求，又体现校本特色。为此我们开发了很多校本特色课程。如地球村课程，我们将英语语言、中西方文化、学生综合素养有机整合在一起，让课程以丰富的活动、生动的内容、有趣的形式呈现出来。还有集邮课程——从方寸天地知世界，目前我们是松江区唯一一家少年邮局。

第三，课程实施要双向选择。

学校打破学科壁垒，学生可根据兴趣和喜好，自由选择教师和课程，进行走班学习。走班制是建立在"双向选择"的基础上，如一些体艺类的课程，教师根据学生特长选择人选。而学生也可以根据自己的兴趣爱好选择自己喜欢的课程，学校根据班级人数进行统筹和协调。教师根据自己开设的科目特点，选择自己喜欢的教学场所，如教室、操场、礼堂、实验室、校外实践基地等。每周的快乐活动日，教师、教室、学生都进行全面重组，组合成适合每个孩子需求的教学模式。

第四，课程设定要量身定制。

我们学校 2600 多名的学生中，有一些"特殊"的孩子。他们或有着对某项学科浓厚的兴趣爱好，或具备某种特别突出的能力，还有一些天赋异禀、极具个性的"小天才"。现有课程已不能满足他们的内在需

—— 校长观点 ——

"在课程开发和实施过程中，努力让学生'我参与、我选择、我做主'。"

求与个体发展。为每位孩子终身发展负责，我们达成这样的共识：学校必须关注每位孩子的个性需求，量身定制课程。例如为具有表演天赋的学生聘请知名演员开设影视表演班；为学习行为有偏差，但又颇具金融天赋的学生专门打造一门"小小金融家"课程；为外语学习能力强的孩子开设小语种课程等。

家长怎么做?

学校提供了如此丰富多彩的课程，家长应该怎么做呢？我想家长更是要满足孩子的兴趣特长，成就孩子精彩人生。再跟大家分享一个案例。

小夏同学是我校优秀的毕业生，他从一年级开始就对足球很痴迷。作为他的父母，觉得尊重孩子的兴趣很重要。

小夏以梅西为偶像，他房间的墙壁上贴满了梅西的挂图，阳台上放了好几个足球，家里的每一个角落都是他的"绿茵球场"。他的父母，也积极参与其中，经常和孩子一起阅读足球画册，一起聊足球，一起看足球比赛。

周末的时候小夏的父母总是会抽空去学校操场边看他足球训练，或者市里有重

—— 校长观点 ——

❝家长要满足孩子的兴趣特长，成就孩子精彩人生。❞

—— 校长观点 ——

❝ 家长要尊重孩子的个性和人格，尊重孩子的兴趣和爱好。❞

要的比赛，都会陪着他一起去。在比赛过程中，看到孩子所在的队伍暂时落后的时候，他们会在边上为孩子加油打气，比赛胜利的话，会为孩子们欢呼喝彩！回来的路上，他们会一起回味比赛中的精彩画面，分析比赛中的不足之处，孩子也非常乐意分享他在比赛过程中的一些感受！

小夏最喜欢的中超球队是上海上港队，应孩子的要求，他们会经常在暑假或寒假期间陪他去上海体育场，穿上球队的红色队服，去现场近距离感受球队的风采，感受主场的氛围，为球队加油助威。

因为足球，年纪小小的小夏多次走上电视荧屏。2014 年暑假，参加上海哈哈少儿频道录制《热血足球》节目，在共九集的节目里他一路过关斩将，顺利进入决赛对决，参与全程节目录制。2018 年 9 月，五星体育频道还播出了青少年体育运动健将专题纪录片——"我为运动狂"第三期夏奕炜的专访节目。11 月 28 日，他还被评为 2018 上海市年度最佳阳光体育达人奖（阳光少年），11 月 29 日，五星体育进行了专题报道颁奖晚会，东方卫视还适时转播。

因为足球，小夏获得了无数荣誉。小学阶段获得"上海市好苗苗"称号、成功竞选上海市红领巾理事会理事……初中阶段获得了松江区"十佳好少年"，并在英语、科普、作文、时政等比赛接连获奖。

"想到了就去做，不要害怕失败。"这是小夏现在自我激励的一句话。体育人就是要不断挑战自己的极限，取得新的突破。

足球给小夏带来了无限快乐，增强了体质，还带来了不少荣誉，那么家长们要问了：花了这么多时间在足球上，值得吗？对学习成绩有影响吗？在这里，我可以很肯定地告诉大家：学习和踢足球可以共存的。足球除了能锻炼身体，对团队精神、吃苦耐劳等品质的培养都有帮助。所以，小夏的父母非常支持小夏踢球，他们觉得不管以后踢得怎么样，只要他觉得快乐，一直都会支持他。

足球让小夏学会了合理安排时间。为了平衡踢球与学习之间的关系，每一节课都要做到认真听讲，积极思考，记好笔记，遇到不会的题目，下课及时请教。周末及时复习各门学科的学习重点，并预习好下周的学习内容。合理安排时间，帮助小夏养成了良好的学习习惯，让他受益匪浅。小夏在每次考试中都取得了优秀的成绩，每学期都排名年级前列，获得学校一等奖学金。

足球让小夏和家人关系更和睦。爸爸

—— 校长观点 ——

" 只要我们善于发现孩子的潜能并重点加以培养，就能以点带面促进孩子全面发展。"

—— 校长观点 ——

" 找准孩子的兴趣点，引导孩子，点燃孩子，成就孩子。"

妈妈是他最坚定的支持者和朋友。无论是训练和比赛，他们都会尽力安排好自己的时间，或是在观众席上为他加油，或是在外面等他一起回家。在爸爸妈妈的陪伴与支持下，他入选了上海市校园足球精英队，还收获了上海市青少年校园足球精英联赛U13B 组冠军这一胜利的喜悦。

足球还让小夏学会了为人处世。通过足球，他结识了很多的好朋友，这些朋友都是学习和运动并进的佼佼者，他们对生活的热情，对学习的坚持，对足球的热爱深深影响了他。他学会了如何去理解同学，团结同学，与同学分工协作，这都将成为他今后人生交际中的一个重要经验。

另外，小夏的兴趣特别广泛，除了足球，他有个同龄人少有的爱好——到飞机场拍国内外各种类型的客机。为了满足他的这一特殊兴趣，他的父母特地给他买了装备：单反数码相机、无线波段收音机以及各类航空书籍等。每逢节假日，只要有空，就会开车带他去浦东国际机场或虹桥机场拍摄飞机。他拍摄到了很多国际国内各航班飞机，他的父母也非常愿意聆听他对各类飞机的介绍。他也在论坛里分享拍摄成果。作为航空迷，他对飞机机型、结构、操作、历史等都了如指掌，对航空知识的专业程度已经远远超出了同龄人的认知水平。他特别痴迷的是国产大飞机C919，他曾经和队员一起参与了上海市2018年"寻访春天的故事"社会调查评选活动，有幸采访了参与C919研发的工作人员，最终形成的调查报告《蓝天上的雄鹰》一文获得了上海市二等奖。

根据孩子的兴趣爱好找准切入点，引导孩子。要尊重孩子的个性和人格，尊重孩子的兴趣和爱好，营造一种民主和谐、充满人文关怀、崇尚个性、追求独特风格与创新精神的文化氛围，而不要为了盲目跟风，把自己的意愿强加在孩子的身上，逼迫孩子去参加各种补课班、兴趣班，这样对孩子的成长很不利。

对于家庭来说，更重要的是培养孩子的非智力因素，那么需要做些什么呢？接下来我还是通过案例故事的方式把几个观点分享给大家：

观点一：注重家风建设，营造良好家庭氛围。

最近有位妈妈和我分享了一件很温馨的事情，让我觉得很温暖。2018年11月份的时候，我们学校参加了2018年松江区向日喀则定日县的捐书活动。我们要求孩子们都从自己家里带来一本书书捐给西藏的

—— 校长观点 ——

❝对于家庭来说，更重要的是培养孩子的非智力因素。❞

—— 校长观点 ——

"榜样的力量非常大，孩子的榜样首先应该是父母。"

孩子。每个人发了一张贴纸，孩子们可以在贴纸上写上几句祝福的话，把贴纸贴在捐赠的书的上，一起给西藏的小朋友。这个妈妈说，那天晚上她的孩子回到家，就站在自己的书架前，开始考虑捐哪一本书。最后，孩子对他妈妈说："妈妈我决定了，我要捐"哈利·波特全集"！"当这位妈妈打开"哈利·波特全集"时，看到孩子在贴纸上很工整地写着："你们好！这是我最爱看的一套书，希望你们也喜欢。"这位妈妈说："我当时真的很为我儿子感到骄傲！为他的善良！"我听了也很感动，因为一个孩子能捐出自己最喜欢的书，并不容易。我问他妈妈，平时是怎么引导孩子的呢？这么善良又乐于分享。

第一，父母树立榜样，让孩子拥有正确的价值观。父母是孩子的第一任老师，父母的言行对孩子的影响很大，父母需要带头做好榜样给孩子学习，在日常生活中通过自己的行为示范给孩子看，引导孩子的价值观取向。

第二，分享彼此的看法，让孩子学会思考。分享你对事物的看法，与孩子交流讨论，让孩子自己学会思考，并在关键的时候加以妥善的引导。这点我有切身体会。从儿子懂事开始，我最喜欢和儿子一起坐在电视机前看节目，然后互相探讨，潜移默化地把正确的价值取向传递给他，随着儿子年龄的不断增长，每个阶段我都会和孩子进行一次深入的促膝长谈，印象最深的三次是初中时的交友观、高中时的恋爱观、大学时的择业观。

第三，流露彼此的真情，让孩子学会为人处世。有件事情对我触动很大。我们学校在搞一项校本化的评价改革——附小银行，孩子可以通过自己努力集星换币，附小币可以兑换礼品。有一次正好是母亲节，孩子就用自己通过努力得到的五枚附小币换了一支康乃馨，回家兴奋地献给妈妈，本以为妈妈会很激动，妈妈竟然说，你换这个干吗？还不如换些学习用品呢。孩子顿时很失望，第二天上学就把这件事告诉了班主任。孩子的这份孝心爱心就这样活生生地被妈妈抹杀了，长此以往的话，孩子的价值取向就会偏失。相反，如果母亲换一种方式，拿着这支康乃馨不用过多的言语表述，只需给孩子一个热烈的拥抱，甚至流下激动的泪水，那又会产生怎样的教育效果呢！

第四，在生活中正确引导，让孩子学会换位思考。生活即教育，孩子学会了换位思考，才不会成为一个自我的人，而是

—— 校长观点 ——

❝只注重孩子单一学习的评价，会影响孩子的价值取向。❞

一个心中拥有"大我"的人。一位妈妈告诉我，小区有一位扫地的老爷爷，年纪很大了，因为家里条件不好，才出来扫地。因此，他们家只要有闲置的衣服、旧书、杂物，她们都会送给这位老爷爷。每次给这位老爷爷东西的时候，这位妈妈都会对孩子说："千万不要觉得我们给他东西，他就应该很感激我们。反过来，这些东西我们不需要了，他在帮助我们处理掉，我们应该谢谢他。自己不要的东西给别人，并没有什么了不起。真正的善良是分享给别人自己喜欢的东西。"这句话孩子记住了，孩子挑选了一本自己最喜欢的书送给老爷爷。相信我，即使孩子还小可能不能完全明白你的意思，但这会在他的心里留下一颗"大我"的种子，而这颗种子在以后就会发芽。

家风教育就是讲传统、定规矩，培育孩子良好品德。现代人的家庭组成简单、居住分散，没有过去那种大户大院的文化熏陶，能从祖上传承下来的家风家训非常有限。我们今天提倡家风教育，就是对过去忽视这方面教育的一种纠偏，是对家风这一传统文化的重塑，既是传承，更是重建。今天的家风教育既要汲取优秀传统文化，也要体现社会主义核心价值观的时代

—— 校长观点 ——

"今天提倡家风教育，就是对过去忽视这方面教育的一种纠偏，是对家风这一传统文化的重塑，既是传承，更是重建。"

要求。通过有意识地对孩子进行家风教育，重建我们的良好家风。

观点二：保护好奇心，激发孩子求知欲。

有个家庭，女儿对小昆虫有着浓厚的兴趣。每逢周末，她爸爸都会带她去公园里玩，在她爸爸锻炼身体的时候，她的注意力却在树下草丛里的泥土里，随便捡一根树枝，便开始挖土了。一次偶然的机会，她挖出了一个土灰色的圆圆的东西，乍一看像个大石子儿，仔细一看，原来是一只大蜗牛，圆形的硬壳，整个身体都缩在壳里。她兴奋地又蹦又跳，要她爸爸带回家养。在接下来的日子里，他们与蜗牛为伴。为了了解它的生活习性和喂养方法，她和爸爸一起上网查了很多资料，也学到了许多关于蜗牛的知识。她爸爸知道女儿喜欢小动物、小昆虫，就买了好多种儿童百科全书让她看。她从中认识了许多生字，也认识了许多小动物。有一天，她爸爸在楼道墙壁上发现了一只奇怪的软体昆虫，通体柔软，头上有触角，黏糊糊地贴在墙壁上缓慢移动，看起来像丢掉外壳的蜗牛，在老家似乎叫鼻涕虫？由于吃不准，便站在那里发愣。女儿突然跑过来喊道："蛞蝓！""啊！蛞蝓是什么东西？"女儿继续

—— 校长观点 ——

"保护孩子的好奇心，激发孩子的求知欲。"

说："爸爸，这就是蛞蝓！百科书上有！"再问她是怎样的两个字，她就用铅笔在纸上歪歪扭扭地写了大大的"蛞蝓"二字。这着实让她爸爸大吃一惊。她爸爸说："说来惭愧，是女儿教我认得了这种小昆虫，也学会这两个字。"

我很欣赏这样的家长，他们愿意陪着孩子去接近自然、陪着孩子去探索世界、陪着孩子去玩。这样的过程中，我们激发了孩子对自然的热爱，也保护了孩子对世界的好奇。

好奇心是孩子的天性，他们似乎对什么都感兴趣，他们的头脑里装着不止"十万个为什么"，但每个孩子又有着各自不同的兴趣爱好。保护好孩子的好奇心，就是保护他们对某方面知识的兴趣爱好。

观点三：给犯错的孩子"搭梯子"，鼓励孩子不断进步。

有个家庭的小朋友在学校犯了错。孩子的爸爸下班回到家，摸了摸孩子的头，轻轻地问孩子，今天学校里发生了什么事吗？孩子低头不语，在爸爸反复追问下，他才吞吞吐吐地说："在厕所里，他学别人把手纸揉成团，湿一下水，扔向天花板上，让纸团粘在上面。"孩子慢慢说，"……我知道自己错了，我把厕所打扫干净了。"爸爸补充说："干净整洁的环境是保洁阿姨带给我们的，你的这一行为其实是对阿姨劳动成果的不尊重，需要向保洁阿姨道歉吧?"孩子点点头。

在这件事情上，这位家长是很平静的，没有批评责骂孩子。而且以接纳孩子的态度认真和孩子交谈，倾听孩子。让孩子说出内心的话，积极的给予肯定，错误的给予引导，和孩子一起分析事情得失，找到解决问题的最终方法，多做有益于他人事情。

每个孩子都会犯错，家长在这一刻如何引导呢?

首先，要认真查找孩子犯错的原因，然后有的放矢地对其批评教育，使其充分认识到所犯错误的危害性并有悔改之意，切实起到教育惩戒的作用。其次，对犯错的孩子不要揪住错误不放，一旦孩子知错能改，家长就要做到既往不咎，不算旧账。第三，对孩子更多关注，时刻注意孩子的思想行为变化，做到适时关注。在孩子思想松懈，产生旧病重犯的苗头时，要及时"扯扯衣服拉拉袖"，提醒其曾经犯错的教训，巩固教育效果，这样才能使每一次改正错误成为孩子成长进步的阶梯。在其取得一点点小进步的时候要及时表扬鼓励，

—— 校长观点 ——

"心平气和对待孩子的错误，给犯错的孩子'搭梯子'，鼓励孩子不断进步。"

—— 校长观点 ——

66 开发孩子无限潜能需要良好习惯的支撑。99

激发其勤奋上进的自信心。

观点四：养成良好习惯，开发无限潜能。

开发孩子无限潜能需要良好习惯的支撑，今天重点讲的是如何培养孩子良好的阅读习惯。俄罗斯著名的教育家苏霍姆林斯基说过一句话："让孩子变聪明的方法，不是补课，不是增加作业量，而是阅读、阅读再阅读。"

我想家长们也都知道阅读的重要性，但是同时又有很多现实的问题在困扰着大家。常见的问题有：

"我的孩子没时间看书啊，做完作业都很晚了，我们还要练琴呢"；"我的孩子不喜欢看书，我给他买的世界名著他都不看"；"我的孩子看了那么多书，作文还是写得一点也不好"。

我谈谈我认识的一个孩子的故事，这个小男孩是我校足球队队员。大家印象中可能认为踢球的孩子"四肢发达、头脑简单"，爱动、静不下心来。但是这个小男生，真的很让我吃惊，他送给了我一本他的作文集。我很好奇，喜欢运动，文学修养还这样好，我就问了他妈妈是怎么培养的？

她就告诉我，从幼儿园开始，她就带

这个孩子去松江图书馆办了一张孩子自己的借书卡，带他去少儿图书馆看书。幼儿园的时候是大人陪着进去，去少儿图书馆的二楼看绘本，家长可以坐在旁边一起看，一边给他讲。等他上小学了，就让孩子自己进去借书，家长不进去了，在门口等着。让孩子自己挑选书，他想看什么书自己选，一般孩子每次借五六本书，每两周去一次。如果说有一本书，孩子特别喜欢，但是这系列的书，图书馆只有几本，不全。那他们就在网上把孩子喜欢的这套书都买下来给他看。他们尽量不干涉孩子的阅读选择，让孩子自己去选择喜欢看的书。

这样的好处是，让孩子自己去发现自己喜欢看的书，让他有阅读的兴趣。另一个好处是，因为是借来的书，孩子知道这个书要还的，有个阅读期限，他会抓紧时间看，避免了书买回来，就放在书架上，孩子又不看。孩子每天会挤出时间看会儿书，阅读成了他习以为常的事情，这是孩子主动学习最好的方式，也是获取知识最好的方法。

她的妈妈很有心，今年暑假把她儿子小学三四年级写的作文全部打字输入电脑，并且都配上了对应的照片，然后打印装订成册，这本图文并茂的作文集就是孩子的

—— 校长观点 ——

"让孩子看自己喜欢看的书，养成阅读的兴趣最重要。"

阅读成果。

当然小学阶段还有很多习惯必须培养好。如良好的生活习惯：（1）规律作息，早睡早起；（2）热爱劳动，做力所能及的事；（3）讲文明，讲卫生；（4）健康饮食，定期运动。良好的行为规范：（1）认真倾听的习惯；（2）正确的说话习惯；（3）遵守秩序的习惯。良好的学习习惯：（1）热爱阅读的好习惯；（2）良好的书写习惯；（3）自觉预习复习的习惯；（4）记录分析错题的习惯。

观点五：教会生存技能，学会自我保护。

只有生命存在，才能谈得上发展和质量问题，要教会学生远离伤害和危险，增强自我保护意识。

有一个这样的案例：一年前冬天的一个双休日，某校学生邹某在家休息，下午 2 时左右，不幸邻居家失火殃及她家，等她发现火情时，火势已非常迅猛，慌乱中她未采取任何自救措施，被浓烟呛到，最后窒息而死。

一个 18 岁的生命瞬间就消失了，多么令人痛惜啊！我不禁感慨，假如学校家庭早点开展生命教育，并进行相应的生存技能训练，也许就是另外一种结局。类似的

—— 校长观点 ——

❝要教会学生远离伤害和危险，增强自我保护意识。❞

事例其实并不鲜见，有女大学生在下铺的蚊帐着火后，竟坐在上铺不知所措而导致毁容；有女研究生被人贩子拐卖到异地而过着噩梦般的生活；有学生被歹徒追杀却不知向路人求救而导致伤害，这一幕幕悲剧都在提醒我们，要防止各类事故的发生，必须让每个孩子学会生存。

第一，具备生存意识。生存能力包括自理能力、勇敢精神、适应环境的身心素质和技能等方面，而最重要的是首先具备生存意识，要让孩子们在各种专题教育、游戏活动、体育锻炼中渐渐确立正确的生存状态，不要一碰到不顺心的事就走极端。

第二，掌握生存技巧。要让孩子们通过家长、老师的宣教、观看录像、亲自操作等形式获得大量的记忆积累和实践经验——如伤口的紧急处理，溺水时如何自救并配合救援，怎样辨识紧急通道并合理逃离危险地区等。杜威说：教育即生活。陶行知说：生活即教育。使学生通过参加与其自身生活有关的、看得见、摸得着的具体活动，获取深刻的体验感受，把所接受到的教育转化为生活实际中需要的实际行为，在生活中发展，在发展中生活。

第三，学会触类旁通。我们的学生常常会遇到这样的问题：球打到眼睛时怎

—— 校长观点 ——

❝要帮助孩子走出学校，走出家庭，到社会中去观察、收集素材，在正在发生的活生生的生活实际中寻找解决方案，触类旁通。❞

么办，牙齿磕掉了怎么办，被陌生人跟踪时怎么办，陌生人来接你回家时怎么办，遇到打群架时怎么办，钥匙不见了怎么办……当代学生所看到、听到、接触到的一些社会现实有时比老师还多，所以要让孩子在系统学习过程中，掌握生命安全的技能，适应环境，学会保护自己。当学习有所困惑时，可以请教成年人，也可以依照以往的学习经验，走出学校，到社会中去观察、收集素材，在正在发生的活生生的生活实际中寻找解决方案，触类旁通。

家校合力怎么做

家庭和学校，是学生成长的两个重要环境，对学生的教育和成长发挥着举足轻重的教育作用。家校共育更有利于孩子成长。

第一，家长要成为学校工作支持者。

以这种角色身份参与孩子教育是传统模式，这类参与的具体方式有家长会议、家长小报、家长学校、家庭教育咨询、家校书面联系、电话联系、个别家长约见等。家校双方的交流是这些活动的主要特色，参与目的主要是学校得到家长对其孩子教育的支持，家长在活动中学习有关教育理

—— 校长观点 ——

❝ 家校共育更有利于孩子成长。❞

论和方法。

我们学校还有一个"附小家长大讲坛"活动，把讲台完全交给家长，每月一期，家长通过这样的方式传递探讨育儿方式。学校的活动家长都会积极参与。外语节、科技节、艺术节、体育节等的会标、会歌、吉祥物等都是家长参与设计的。

当然值得一提的是，家长支持学校工作还体现在让孩子成为学校和任课教师的"铁粉"，家长要在孩子面前树立教师的威信，所谓亲其师信其道。

第二，家长要成为学校活动志愿者。

我校家长自愿为学校提供无偿服务，自愿参与的活动范围很广。以这种角色身份参与的家长，关注的已不仅只是他自己孩子的教育，学校整体教育事务也已成了他关注的一个部分。

每个学期的交通安全志愿者活动在家长的支持下如火如荼地进行着。为了保证上学时段和放学时段校门交通的有序及孩子们上下学的安全，我们的家长们积极报名志愿者，愿为学校的有序贡献自己的一份力量。寒来暑往，无论烈日炎炎还是阴雨连连，我们的家长志愿者都会准时出现在校门口，引导交通，护送学生，成为我校一道亮丽的风景线。

—— 校长观点 ——

❝ 尊重教师，理解教师，在孩子面前树立教师的威信，亲其师，信其道。❞

—— 校长观点 ——

66 家长要积极成为学校的支持者、志愿者和决策者，成就学校的同时，也以身示范，引领了孩子的发展。**99**

我们的家长志愿者更是我校各类活动的强有力的支持者。一年一度的数学游园节、元宵灯谜会、运动会裁判等活动，我们的家长们各司其职，有拍照摄影，有维持秩序，有流程讲解，有策划活动。每周三的"我来教外语"，学生领着自己的爸爸妈妈走上台，教给全校师生一句英语谚语，既有趣又有深意。通过这些活动家长得以全面而深入地参与学校的各项教学和活动中。

第三，家长要成为学校决策参与者。

家长最了解孩子的个人情况，要积极参与学校的教育事务。我校的家委会层级制度就是家长参与学校教育决策最好的平台。我们有学校层面的家委会，对学校的制度建设、活动策划及学校的未来发展提供建设性的建议，并对活动的有效开展提供保障；班级层面的家委会是校家委会的下一级，可参与班级制度建设、活动设计的决策，与老师形成合力，让班级形成自己的特色。

现在的年轻家长，在教育子女方面会有更多的创新思维和方法，大家也可以一起交流和分享。今天，我只是作为一名从教多年的老教师跟大家分享一点浅显的经验，还是不够全面的，有的东西需要家长在以后的日子里慢慢摸索领悟。

　　最后想说的是，我所信奉的教育格言是：教育是一代人用生命引领另一代人的事业，让我们一起尊重生命吧！

家　长： 家里儿女工作很忙，孩子上小学了，平时都是由我们爷爷奶奶接送，作业也都是我们来管，我们总担心自己教不好，不知道由祖辈代替父母教育子女有什么问题？

申伟英： 在上海北京这样的大城市，普遍存在隔代教育的问题。那么孩子由爷爷奶奶来教育会出现什么样的问题呢？该怎么做呢？我认为有三点：

第一，两代人要统一思想认识。在教育孩子的事情上，两代人要尽量平心静气多一些沟通，统一认识，遇到分歧要避免在孩子面前直接起冲突。父母们最好尽量多向祖辈请教，多一些温和的沟通，而祖辈们最好利用各种渠道多接受新思想，学习新知识，用科学先进的教育理念来武装自己。

第二，努力寻找合适的平衡点。孩子本质上是一个独立的个体，不依附于任何人。因此，无论祖辈还是父母都要冷静地看待孩子的教育问题。爷爷奶奶要用理智控制感情，分清爱和溺爱的界限，爱得适度。父母要权衡自由与规则之间的界限，不能给了自由而缺乏规则。只有寻找合适的平衡点，才能营造一个有利于家庭教育的温馨氛围。

第三，父母必须承担必要的责任。年轻的父母不管多忙都要尽量多抽时间与孩子在一起，不要以忙为借口，把对孩子的教育权、抚养权完全交给祖辈。如果孩子长期得不到父母的陪伴，心理健康也会受到影响，可能会因缺乏安全感而变成问题儿童，带来接连不断的成长烦恼。

家　长：孩子现在出现了"两面派"的情况，在父母面前表现得很懂事很乖，但是常有家长来告状，说孩子对他们家的孩子不友好。我问孩子是否发生过这种事情，他予以否认。我很困惑，不知道这样的问题该怎么解决？

申伟英：第一，作为家长一定要明确一个事实，大人眼中的孩子和孩子真实的世界是不一样的，大人眼中的不友好，在孩子看来可能并不当一回事。

第二，要冷静思考，多方了解，到老师、学生那里了解真实全面的情况，尤其是背后的原因，不能只听一面之词。

第三，如果真的存在不友好的行为，要真诚地和对方家长沟通，错了就要道歉，就要改正，对自己孩子也要进行教育，让孩子明白什么是对的，什么是错的，更主要的是交给孩子与人沟通的办法，以及解决矛盾的正确方式。

第四，在家长面前表现乖，有一个因素是要注意的，就是孩子非常希望得到家长的肯定，他很在乎家长对自己的评价，对家长的看法很重视。这时候，家长自己也要反思一下，是不是自己平时对孩子比较严格或严厉，或者自己在家里比较强势等。如果有这样的情况，家长要彻底反思，改变自己的行事作风，家校紧密联手，帮助孩子纠错。

总之，作为家长，遇到问题不能急躁，不能听一面之词，一定要真诚地、冷静地对待，孩子都有犯错的时候，正确的引导非常重要。

理解"学习"，快乐学习

蒋明珠

上海市嘉定区安亭小学书记、校长，上海市嘉定区紫荆小学校长，嘉定区干训基地主持人，上海市教育系统巾帼建业标兵，上海市特级校长，云南省荣誉校长，第四届长三角名校长研究班学员。一直坚持做"响应儿童的教育"，曾在美国马里兰州陶森大学教育管理硕士班进修，赴芬兰于韦斯屈莱大学教育学院培训。她将所学与学校办学实际结合，大胆推进课程改革和课堂转型。嘉定区曾举办"课程，让儿童更具个性"——蒋明珠校长办学特色研讨会。专著《写给儿童的课程》由上海教育出版社出版。

—— 校长观点 ——

❝做好家庭教育和学校教育的分工，孩子的学习可以快乐很多。❞

因为职业的关系，经常会有朋友、亲戚、家长会和我私下探讨孩子的教育问题。今天让我们一起来聊一下理解学习、快乐学习这个话题。希望能带给我们家长一点启示、启发，让大家能够轻松一点做家长。

谈到孩子的学习，天哪！哪里还有快乐？我们做家长的马上会进入焦虑状态：怎样养"牛娃"，如何训"熊孩"？该学"虎妈"还是"羊爸"？做家长的都快疯了，孩子呢？也都快被逼疯了。今天我想和各位家长讨论一下我常被问到的几个问题，看看我们能不能从中悟出点道道来，顺便了解一下学校教育和家庭教育的分工。然后，我们再去搬两座宝塔，看看可不可以用它们镇住我们的焦虑。

是择校好，还是不择校好？

现在都习惯用大数据说话。大数据告诉我们：择校的孩子在学业上的成就会高于不择校的孩子。我看到了大家的表情，你们是不是在想"是啊是啊！所以应该择校"？真的是这样吗？大数据后面还有研究呢！研究者发现了一个奇怪的现象。比如说，我的孩子，原来是外国语小学的校区，通过择校到实验小学去了。需要说明一下，这里的"外国语小学""实验小学"是泛指，是假设哦，不是真的我们区的某所学校，因为现在家长择校基本就是看校名的，对了，还有一个经常被选中的名字叫"某某大学附属学校"。还有一个家长的孩子，原来是实验小学的校区，家长千方百计想

—— 校长观点 ——

❝父母对孩子教育的关注才是真正影响孩子学业成绩的因子。❞

办法把孩子弄到外国语小学去了。过了几年，有机构采集了我们的数据。发现：蒋老师的孩子择校了，成绩很好哎！那位家长的孩子呢，择校了，成绩也很好哎！哦，大家笑了。是真的，研究表明：其实孩子，特别是小学的孩子，在哪所学校学习和学业成绩的相关度真的不是很高，父母对孩子教育的关注才是真正影响孩子学业成绩的因子。

我们学校有一个学生叫"高兴"。二年级时学习成绩中上等，特别喜欢打篮球。高兴爸爸，是个退伍军人，现在做生意了，事业很成功。为了让她发展得更好，就到市区买了学区房，想转学。但孩子不乐意，理由是：那个学校没有篮球馆，也没女孩子陪她打篮球。说明一下：高兴是个女孩，我们学校有女子篮球队。爸爸妈妈就陪着高兴又住回安亭了，还用市区房子的租金买了全套摄影、摄像设备，做起了我们女篮的"随队记者"。

记得有一回球赛，高兴作为主力一个人得了近20分。可是下场时，高兴爸爸严肃地批评高兴，说高兴个人英雄主义，有那么几个球应该传给更占有利位置的队友。还有一回，我们输给了老对手徐汇，高兴还摔了，腿上破了皮。回来时，高兴爸妈一路上若无其事，还拼命夸女儿：我女儿这场球够拼，跌倒爬起来继续打，就这个劲，以后干啥都行！现在她初三了，个子在篮球队中算小的，球打得好，成绩也好，已经有几家市高中名校向她伸出橄榄枝。从高兴这个孩子的例子中我们可以看到，父母的教养态度对孩子的影响才是最大的。

研究表明：成功者80%以上的因素来自家庭。为什么会是这样？大家知道，基因的力量之强大，智商、智能，健康、心理，都与家族基因有着密切关系。大量从幼儿到成人期的追踪实证研究都表明，坚持、自我控制、计划性、好奇心等会对学生的后续学习产生重要影响，而这些非认知技能或者说习惯，同家庭的早期培养有着重大关系。再则，家庭的人际关系、家庭氛围无时无刻在影响着孩子、造就着孩子。

所以，回过来看我们是不是要择校，我认为：您的家庭就是孩子最好的学校，这个学校择对了，孩子一辈子受益。说到这里，我看到家长更焦虑了，家庭学校校长责任重大、压力山大啊！没关系，我们来减压。先分一下工，看看学校教育和家庭教育各自应该干什么、怎么干。

—— 校长观点 ——

❝家庭就是孩子最好的学校，这个学校择对了，孩子一辈子受益。❞

—— 校长观点 ——

" 正是因为我们把眼光只盯在了知识上，忽视了技能和价值观的学习，才让孩子失去不少学的乐趣。"

学校教育该教什么?

学校教育应该教什么呢？有家长说，教孩子学知识、文化、技能。对，作为专业教育技术人员云集的单位，学校还需要经常给家长一些指导，帮助做好家庭教育。

所有的学校都应该培养孩子成为德智体美劳全面发展的社会主义的接班人和建设者。教与学是相对的统一体，孩子们要成为合格建设者和接班人，就要学知识、学技能、学情感态度价值观。有家长说，光陪着孩子学知识就够烦了，还要学技能、价值观？现在的学校真是太让人焦虑了！事实上，正是因为我们把眼光只盯在了知识上，忽视了技能和价值观的学习，才让孩子失去不少学的乐趣。比如知识就分为四大类：事实性知识、概念性知识、程序性知识和元认知。我们过多重视事实性知识的学习，忽视了概念性知识、程序性知识和元认知的掌握。在当今，依然用我们小时候经历的老方法：到处补课、拼命刷题，这种非科学的学习方式，就会让学习成为孩子的负担，导致孩子厌学。

怎样学知识？

先请出第一尊宝塔——埃德加·戴尔学习成效金字塔。大家可以看看科学的学习应该是怎样的。请大家一定要把这座塔记住：在塔尖，第一种学习方式是"听讲"，这种最熟悉最常用的方式，学习效果却是最差的，两周以后学习的内容只能留下 5%。第二种，通过"阅读"方式学到的内容，两周后学习内容可以保留 10%。第三种，用"声音、图片"的方式学习，可以达到 20%。到金字塔基最底层基座位置的学习方式，是"教别人"或者"马上应用"，这样可以记住 90% 的学习内容。

有一次，有一位家长在一个偶然场合碰到我，向我告状，说老师不负责任，"老师总让我的孩子去教其他孩子。我孩子又不是班里最好的，应该让最好的孩子去教差孩子呀"。我告诉他，这恰恰是老师负责任的表现。对于中等生，掌握知识的最好方式就是"教别人"，当他教别人的时候，他在不断梳理

—— 校长观点 ——

66 掌握知识的最好方式就是'教别人'或者是教了马上用。99

知识，这样的方式才是最好的，帮助别的孩子的同时，最得益的恰恰是孩子自己。

在安亭小学，我们就设计了很多课程，可以让孩子玩中学，表演、讨论、实践，特别是我们推广的小组合作学习，让孩子教孩子，主动学习、合作学习，核心素养得到多方位的培养，又提高了学习效率。

怎样学技能？

接下来说说技能的学习。我们总是觉得孩子们的负担重，事实上，很多负担是因为用错了方法。比如说技能的学习，一般包含四个步骤："教师正确示范——学生练习——教师反馈——在一段时间内集中练习强化"。小学中哪个技能让家长最焦虑？应该是拼音吧？很多幼升小家长听说拼音很重要，抢在开学前去办学机构学拼音。在这里，我，曾经的低年级语文老师，可以很负责任地告诉大家：没有必要。我们来看拼音这件事，是知识还是技能？对！它既有知识的部分，比如，识记字母；也有技能部分，比如掌握拼读方法。而拼读方法，一般的小朋友只需要强化三天就可以完成，家长在这个时间段一定要为孩子鼓劲，千万不要训斥孩子，因为孩子就是在试错中获得方法的。顺便说一句,拼音、作文往往是被大家妖魔化后,才让孩子怕的,其实,真的很好玩!正规师范生都会教。另一个被大家诟病的技能是口算。有家长说天天这么算有意思吗?科学告诉我们:天天算是对的。因为计算是技能,需要强化。这里我要提醒大家的是:老师要孩子们掌握的是算理,让这个算法、过程在脑中形成一个回路,而不是死记硬背。死记硬背虽然有时会快,但并不是计算的技能。

　　技能还包括动作技能。特别强调大家一定要让孩子运动。体育的作用不仅是育体,还是育智、育能、育人。大数据表明,力量、持久力、精细动作、平衡力与认知、逻辑、记忆等学习素养有着正相关。所以,孩子,特别是0—6岁孩子,最好的学习内容就是运动。当然,器乐、舞蹈、绘画等也属于动作发展部分。

—— 校长观点 ——

66 学习技能的最好方式是教师正确示范——学生练习——教师反馈——在一段时间内集中练习强化。99

怎样学情感、态度、价值观?

对于教情感态度价值观,不能用教授知识、技能的方法来教,但也有好方法,就是让孩子去体验,在一个真实的事件中去感受。

在安亭小学，每年毕业季课程中有一项任务：用一个多月的时间为老师制作一本"感恩册"。开始很多家长包括老师都不理解，觉得学校放着好好的课不上，在"搞花头"。

看看我们是怎么做的：（1）所有孩子回忆，小学阶段有哪些老师教过我们；（2）列出表格；（3）选出所有自己喜欢的老师；（4）选择自己最喜欢的一位老师，写一篇作文《我最喜欢的老师》或《某某老师二三事》，也可以写一篇自我介绍、写一段临别赠言，还可以写书法、绘画、贴照片；（5）选择最爱的老师，为感恩册写扉页。

一位调皮的学生，对几年中帮扶他的老师写下了："敬爱的丁老师，您还记得我吗？是你的严厉让我学会了宽容。现在的我有很多朋友了。"丁老师毕业典礼那天外出，学生为了要将感恩册亲手交给他，在整个校园到处找，让老师感动得热泪盈眶。这个过程，对孩子是一种情感教育，对老师也是师德教育，这些都需要体验、实践。这样的任务，同时复习了各种写作方法，因为要送给最爱的老师，字也更漂亮了。

知识、技能和情感态度价值观，这三类的学习方式是不一样的。只要掌握了这

—— 校长观点 ——

❝ 情感态度价值观，要让孩子去体验，在真实的事件中去感受。❞

个窍门，三类学习像溶液、像空气一样，无痕地融于孩子的生活，孩子的学习自然会轻松、快乐起来。

家庭教育该做什么、怎么做？

在家庭教育方面，作为家长又该做什么、怎么做呢？

我认为：情感态度价值观教育是家庭教育中最重要的部分，并且因为孩子的个性各异，也最适用于个别教育的方法。比如生命教育，家中亲戚的生老病死都可以作为孩子生命教育的契机：家里有人生孩子了，可以让孩子一起在产房外面等待，体验全家等待新生命降临时的紧张、期待、喜悦，告诉他，当他出生时，全家就是这样的等候；有人不幸过世，就让孩子去体会这种痛苦，学会珍惜自己和身边的人，懂得家人间的相互守候。那么我们又该怎么做呢？

让我们来看另一座金字塔——马斯洛需求层次理论图。塔的最底层为生理需求，向上依次为安全需求、社交需求、尊重需求，最终达到自我实现需求。需求层次理论符合人的心理，也适用于孩子。在我们对孩子提出要求的时候，一定要记得先满

—— 校长观点 ——

❝当孩子做错事时，家长不是指责孩子，而是帮助孩子学会承担结果。❞

足最基本的需求，才会有孩子自我成长、自我实现的可能。

现在生活无忧，对一般孩子来说，不存在生理需求得不到满足。但孩子的安全感、爱和归属感更多来自家庭。最忌讳的是家长对孩子说："我不要你了！"这是错误的方式。家长一定要让孩子觉得，不管他受了委屈，受了痛苦，还是做了错事、犯了错误，父母永远是他坚强的后盾，爸爸妈妈永远爱他。当孩子做错事时，家长不是指责孩子，而是帮助孩子学会承担结果。人是群居动物，爱和归属对孩子来说，除了家庭，还有对班级和小伙伴团体。当孩子在班中、在小团体中觉得委屈时，我们不能帮着孩子吵架，这会让他更没有安全感，并会增加群体对他的排斥。相反，我们要为孩子提供合理的帮助，去和平解决他面临的问题，帮助他建立正确的认知，找到有效的方法。

在爱和归属感解决后，我们就可以来谈谈对孩子的尊重。不能简单地认为尊重孩子就是什么都听孩子的。这又是一个非常大的话题。以后我们可以找机会再好好聊聊。在这里我先给大家简单、好记的两个词，就是"讲标准、有程序"。

当大家了解孩子这样一个需求层次的

梯级后，请配合 4W 原则。什么叫 4W 呢？就是英文中的何时、何地、何种主题或场合、何人参与。然后和孩子沟通、提要求，帮助他更好地实现自我。

孩子毕竟是孩子，我们不能把他仅仅认作是未来的大人。儿童中心论者杜威先生曾经告诉大家，孩子有四个天性：社交的天性，找小朋友，和小朋友玩；建设的天性，玩泥巴、搭积木；艺术的天性，喜欢秀、表现自己；探究的天性，刨根问底、长久观察。作为家长，只要顺应孩子的这些天性，就可以帮助孩子找到学习的快乐。

愿我们的家长能更多了解孩子，遵从孩子的成长规律、学习规律，愿孩子学得更轻松、更快乐！

—— 校长观点 ——

❝ 遵从马斯洛需求层次理论，顺应孩子天性。❞

家　长：我儿子现在念二年级，像这样的年龄还要不要陪读了？

蒋明珠：您问了一个很有中国特色的问题，陪读现象在当今中国很普遍。大家都知道，上海学生在 PISA 测试中拿了很好的成绩，大家一定也知道芬兰孩子的 PISA 测试成绩更不错。我曾经在芬兰学习过三周。参加结业考核的最后一个问题是：孩子的学习该谁负责？芬兰老师最后为我们总结：中国的老师们大多数会回答"是老师"！也有一部分会回答："是家长"，很少有人会回答"是学生"。但芬兰的学生、老师、家长会有一个非常一致的答案，那就是：学生！孩子的学习是孩子自己的事，该由孩子自己负责。孩子必须学会为自己负责，才能担负起家庭的责任、社会的责任。不管是家长还是老师，能做的只是为他的成长和选择提供更多的体验和学习机会。我相信您已经知道是否要陪读了。

与其给孩子金山银山，不如教给孩子好习惯

朱保良

上海市金山区廊下小学校长，中学高级教师，上海市特级校长，获全国"两基"工作先进个人。出版《我爱廊小拍手歌》《我与百年廊小》等专著。"每个学生在老师的心目中都是好学生；每个老师在学生的心目中都是好老师；每个班级在校长的心目中都是好班级"是他最喜欢并一直在践行的教育格言。

先让大家猜一个谜语："我不是你的影子，但我与你最亲密；我不是你的手脚，但是我最听你的话。对成功的人来说，我是功臣；对失败的人来说，我是罪人。培养我，我会为你赢得人生；放纵我，我会毁掉你的一生。"这是什么？

对，谜底是"习惯"。

习惯养成很重要

没有什么比习惯的力量对人的成长作用更大。那么什么是习惯呢？"习惯"是指长时间养成的不易改变的行为动作、生活方式、社会风尚等，是一种自动化的稳定的不容易改变的惯性动作，已经进入潜意识，不需要经过大脑思考，不需要刻意用意志去控制。"习惯"就是简单的事情

—— 校长观点 ——

"没有什么比习惯的力量对人的成长作用更大。"

天天做。"好习惯"顾名思义，也就是良好的、使人受益的习惯，是一个人的终身财富。它不是天生的，而是靠一点点养成的，是一天天努力的结果。

习惯重要吗？我想举一些例子来说明习惯对一个人的成长多么重要。

中国著名教育家陈鹤琴说过："习惯养得好，终身受其益；习惯养不好，终身受其累。"美国心理学家威廉·詹姆士说过："播下一个行动，收获一种习惯；播下一种习惯，收获一种性格；播下一种性格，收获一种命运。"

1987 年，75 位诺贝尔奖获得者在巴黎聚会。有人问一位诺贝尔科学奖得主："您在哪所大学、哪个实验室学到了您认为的最主要的东西呢？"这位白发苍苍的老学者回答道："是幼儿园。""在幼儿园能学到

—— 校长观点 ——

❝ 好习惯是一个人的终身财富。❞

—— 校长观点 ——

"良好的习惯比在考试中获得高分重要千倍万倍。"

什么东西呢？""把自己的东西分一半给小伙伴们，不是自己的东西不要，东西放整齐，吃饭前要洗手，做错事要道歉，午饭后安安静静地休息，要多观察周围的大自然……"这位学者的回答，代表了与会科学家的普遍看法。可见，养成良好的行为习惯对一个人的成功影响是多么巨大！

毛泽东小时候非常喜欢读书，为了锻炼自己能集中精力做事情，他专门来到城门洞读书。城门洞是交通要道，路窄人多，各式各样的人来来往往，谈论着各自的话题，奇人新事特别多。毛泽东端着书本，目不转睛地盯着书里的文字，无论身边发生什么情况，他都毫不动心。刚开始的时候，看了一会儿，毛泽东就有点坚持不住了。但后来，凭着顽强的毅力，他每天都强迫自己比前一天多看 10 分钟。习惯成自然，久而久之，就养成了专心致志的好习惯了。由于他专心读书，知道的事情特别多，小伙伴们都叫他"万事通"。长大以后，毛泽东成了中国人民的领袖。

习惯真的很重要，习惯决定一切，良好的习惯比在考试中获得高分重要千倍万倍。为什么？因为习惯决定成败、习惯决定性格、习惯决定命运、习惯决定人品、习惯决定成绩、习惯决定未来。

教育是什么？我国伟大的教育家叶圣陶说"教育就是培养习惯"。教育的本质就是要培养好的习惯。所以我们学校的教育、家长的教育也要把这句话记在脑海中，我们平时的教育就是为了培养孩子好的习惯。立德树人是教育的根本任务，我们立德树人就要从培养孩子好的行为习惯开始。

习近平总书记说："家庭是人生的第一所学校，家长是孩子的第一任老师，要给孩子讲好人生第一课，帮助扣好人生第一粒扣子。"可见，父母对孩子的教育多么重要。

家庭是培养孩子习惯的第一所学校，父母是培养孩子习惯的第一任老师，所以父母是孩子习惯养成中最关键的因素。我校有这样两句话"每个学生在老师心目中都是好学生；每个老师在学生心目当中都是好老师"。我给廊下小学学生家长开家长会的时候，在引用这两句话的时候又说了两句话"每个孩子在家长的心目当中都是好孩子；每个家长在孩子的心目当中都是好家长"。每个家长都要有自信：我是好家长；每个孩子都要自信：我是好孩子。好家长对好孩子的成长非常重要，我曾经写过这样一首拍手歌《夸父母》：

你拍一，我拍一，夸夸父母竖拇指，

—— 校长观点 ——

❝ 家庭是培养孩子习惯的第一所学校，父母是培养孩子习惯的第一任老师，所以父母是孩子习惯养成中最关键的因素。❞

你拍二，我拍二，教育孩子重美德；
你拍三，我拍三，言传身教作示范，
你拍四，我拍四，潜移默化润子女；
你拍五，我拍五，家教理念想清楚，
你拍六，我拍六，教子成人铭心头；
你拍七，我拍七，碰到问题不着急，
你拍八，我拍八，讲究方式和方法；
你拍九，我拍九，家庭学校常碰头，
你拍十，我拍十，共育中华好儿女！

我觉得好家长要注重孩子的美德教育，要言传身教作示范，要想清楚家教理念，要讲究方式和方法，要与学校老师常碰头，为民族共育中华好儿女。

习惯会影响一个人的一生，会为一个人的成长确定方向，提供动力。一个人如果养成了好习惯，就会一辈子享受不尽它的利息；要是养成了坏习惯，就会一辈子都偿还不完它的债务。有一句话我特别喜欢："早期教育花一公斤的力气等于后期教育花一吨的力气；从小养成良好习惯，优良素质就犹如天性一样坚不可摧。"

—— 校长观点 ——

66 习惯会影响一个人的一生，会为一个人的成长确定方向，提供动力。99

习惯形成有规律

习惯形成不是靠说教出来的，也不可能一口吃成胖子，而是在反复训练的基础上逐步形成的。

比如吃饭，大家一般都用右手拿筷子，因为从小到大已养成了习惯，假如现在你用左手拿筷子，你会有什么感受？一定是不舒服，很别扭。这说明改变一个习惯是一个不舒服的过程。但如果你坚持一个月，你就不会再感到别扭、不舒服。这说明习惯是可以被改变的，只要不断地重复。

习惯形成大致分为较长的三个阶段：

第一阶段：1—7天左右。这个阶段的特点是刻意，不自然，你要十分刻意提醒自己，开始可能觉得有一些不自然、不舒服。比如说有一些吸烟的家长，刚刚开始戒烟的时候，会觉得很不舒服，不自然，很难过。

第二阶段：7—21天左右。不要放弃第一阶段的努力，继续重复，跨入第二阶段，此阶段的特征是刻意、自然。你已经觉得比较自然了，比较舒服了，但是一不留意，你还会恢复到从前。因此你还需要有意识地提醒自己改变。

第三阶段：21—90天左右。此阶段的特征是不经意，自然，其实这就是形成习惯了。这一阶段被称为习惯的稳定期，一旦跨入这个阶段，你已经完成了自我改造，这项习惯就已经成为生命中的一个有机组

—— 校长观点 ——

❝习惯形成不是靠说教出来的，也不可能一口吃成胖子，而是在反复训练的基础上逐步形成的。❞

—— 校长观点 ——

" 现在我们的家庭教育问题不少，很多做法都违背了习惯形成的规律和学生成长的规律。**"**

成部分。

当然，不同的习惯，不同的人，形成的时间也是不同的，有的可能只要第一阶段就可以，有的可能直到第三阶段才成为稳定期。一般来说，改变一个坏习惯要比形成一个好习惯要难很多，需要更多的毅力和耐心。

现在我们的家庭教育问题不少，很多做法都违背了习惯形成的规律和学生成长的规律。归类一下有五大误区：

一是理念偏差，最大的偏差就是重智育、轻德育。我们的学习、考试、兴趣班大家都非常重视，但是对自己孩子的做人方面、行为规范方面不太重视。

二是教育错位，不会爱，不知害。我们有一句话叫"严是爱、松是害"。但是我们很多家长把松认为是爱，把严认为是害。

三是包办代替，不要求，不指导。这件事情妈妈给你做，那件事情爸爸给你做，起床的时候，父母要给孩子穿衣服，吃饭的时候要喂着吃，没有让孩子自己的事情自己做。

四是听任孩子，不约束，不批评孩子，任孩子自由发展。其实学生，特别是小学生，需要家长和老师去关心、帮助、引导。

五是方法不当，成人化，说教化。很

多家长把自己的孩子送到学校的时候都要叮嘱孩子"要好好听老师的话"，其实是没有多少效果的，这句话说和不说一个样，因为是教条主义、成人化、说教化，孩子根本没有听进去。如果了解你的孩子在学校表现，是上课表现不好或作业做得不好或同学之间关系不好，那么你跟孩子说上课要专心一点，不可以讲话，或者说作业要认真做，不可以马虎，或者说同学之间要团结友爱，不能吵闹，教育效果就会不一样。

因此，家长必须要走出这些误区，遵循习惯养成规律和孩子成长规律，通过科学有效的教育方法，培养孩子良好的习惯。

习惯培养有方法

孩子的哪些习惯我们要培养？生活习惯、道德习惯、学习习惯、劳动习惯、安全习惯、运动习惯、交际习惯等都需要培养。只要对孩子成长有利的习惯都要培养，都要重视。这里，我先强调一下大家容易忽视的劳动习惯。

美国哈佛大学一些专家对 300 名小学生进行了长达十几年的跟踪调查，结果

—— 校长观点 ——

"只要对孩子成长有利的习惯都要培养，都要重视。"

发现，爱干家务的孩子与不爱干家务的孩子，长大后的失业比率为1:5，犯罪比率为1:10，平均收入，前者要高于后者20%左右。2018年9月10日，习近平总书记在全国教育大会上强调"坚持中国特色社会主义教育发展道路，培养德智体美劳全面发展的社会主义建设者和接班人"，明确要求"要在学生中弘扬劳动精神，教育引导学生崇尚劳动、尊重劳动""要努力构建德智体美劳全面培养的教育体系"，为加强新时代中小学劳动教育工作提供了根本遵循，指明了方向。要教育学生懂得劳动最光荣、劳动最崇高、劳动最伟大、劳动最美丽的道理，长大后能够辛勤劳动、诚实劳动、创造性劳动。为了加强劳动教育，我校特地创作了一首拍手歌《热爱劳动》：

你拍一，我拍一，热爱劳动从小起，全面发展立新姿；

你拍二，我拍二，尊重劳动是美德，不劳而获要不得；

你拍三，我拍三，学点家务并不难，叠被扫地成习惯，

你拍四，我拍四，生活自理有志气，红绿

领巾自己洗；

你拍五，我拍五，班级值日莫马虎，分工合作干劲足；

你拍六，我拍六，劳技课堂勤动手，善于动脑爱探究；

你拍七，我拍七，农耕实践留足迹，粮食来之多不易；

你拍八，我拍八，公益活动乐参加，奉献社会大家夸；

你拍九，我拍九，劳动光荣美心头，迎难而上阔步走；

你拍十，我拍十，唯有劳动造福祉，共创未来齐努力！

这首拍手歌把劳动的范围、内容、形式、作用和意义都写出来了，成为我们学校开展劳动教育的很好的微课程，如果家长结合这首拍手歌对孩子进行劳动教育，可能比单纯的劳动教育效果要好，孩子可能更听得进去。

知道了习惯养成很重要，知道了习惯形成有规律，也知道了需要培养哪些习惯，那么作为家长该如何去培养孩子的良好习惯呢？

一是言传身教，以身作则。家长一定要做到言传身教，以身作则。如果你要想培养孩子喜欢看书，那么你经常拿着一本

—— 校长观点 ——

"家长一定要做到言传身教，以身作则。"

书坐在孩子旁边认真看，就会潜移默化地影响你的孩子，你的孩子就会从小喜欢看书；如果你从来不碰书，只顾自己玩，那教育的作用和力量就不会大。记得我在1996年的时候批改过学生的一篇作文，学生写了"风声雨声麻将声，就是听不到我的读书声"这样一句话。我一了解，原来家长在打麻将，让孩子一个人去读书，且麻将声又大，这样能让孩子好好读书吗？不可能的。其实一个家长是什么样的性格，什么样的行为，就会成就自己的孩子什么样的性格，什么样的行为，这是很有道理的。

二是心有榜样，力量无比。榜样在学生成长中的作用很大，尤其是学生心目中可敬可亲可学的榜样。习近平总书记说："心有榜样，从小做起。"雷锋大家都知道，大家也都学过雷锋，《学习雷锋好榜样》这首歌，真的是感染了一代又一代人。我们学校有一个校友——革命烈士张鲜军。

1997年8月1日，石化海滩边，一个浪头把三个孩子卷走了，正在海滩边的张鲜军毫不犹豫地跳进大海。三个孩子得救了，他自己却光荣牺牲了。当我们知道有这样的事例之后，我们很悲痛，但是也很骄傲，廊下小学有这样一个舍己救人的英

—— 校长观点 ——

❝ 榜样在学生成长中的作用很大，尤其是学生心目中可敬可亲可学的榜样。❞

雄。从 1997 年到现在，张鲜军始终是我们廊下小学学生学习的好榜样。张鲜军就是我们廊下的雷锋，他虽然不是军人，但是他的名字当中有"军"字，他是在"八一"建军节牺牲的，他和雷锋都是 12 月份出生的，都是 8 月份牺牲的，他们的核心精神都是助人为乐，所以他就是我们廊下的"雷锋"，我们学习张鲜军就是学习雷锋。现在，我们校园里有张鲜军雕像，我们编了一本张鲜军的校本教材，还创造了一首校歌《做鲜军式的好少年》。我们每个星期升旗仪式的时候，唱好国歌一起唱校歌，我们把张鲜军身上表现出来的"助人为乐、无私奉献、尊老爱幼、诚实守信、勤奋好学、自信乐观"等六种精神融合在我们的校歌当中。从 1997 年到现在，我们一直在搞这样一个活动，每个月每个班级评选五位"鲜军式好少年"，其中三位综合方面都很好，一位某一方面突出，另一位某一方面进步最大，也就是说我们把评选对象面向了每一个学生。

2016 年的 2 月 18 日，我们在《文汇报》上有一个专版，主题是：学鲜军，做鲜军式的好少年。当时有一位同志说："现在的形势怎么还在学张鲜军，难道让我们的孩子跳到大海里救孩子吗？"其实他误解

—— 校长观点 ——

"家校形成最佳合力，给学生最好的爱。"

了，我们要让孩子了解张鲜军的伟大壮举，如果孩子遇到这样的情况，我们教育孩子用可以做到的办法去救人，比如打110，比如告诉大人，不能自己跳下去救人。我们主要是教育孩子学习张鲜军平时的点点滴滴，学习人人能做到的他的六种精神。我觉得我们的少年儿童太需要英雄，太需要正能量的偶像了。

三是家校沟通，做大合力。家校形成最佳合力，给学生最好的爱。这个真的很重要，我们的家长一定要和我们的老师加强沟通。当然我在学校也说，我们的老师也一定要和家长多沟通，多交流，家长要了解孩子在学校的情况，我们的老师要多了解孩子在家庭的表现情况，双方加强沟通力量就大，这个1加1绝对不是等于2，而是大于2，大于3，甚至大于10。

四是影视感染，书籍影响。有一部片子叫《东方小故事》，当时在上海电视台和中央电视台都播放了，一共是100个东方小故事，50个古代的，50个现代的，一个一个很短小的故事，主题歌《一生一世学做人》也非常好：一撇一捺写个人，一生一世学做人，打开历史的书，点亮信念的灯。多么正能量的影视剧，这是小朋友需要的精神食粮，对小朋友的成长帮助很大的。家长应该让孩子多看一些对孩子成长有帮助的有正能量的影视剧。另外是书籍的影响，要让小朋友和好书交朋友，让小朋友自己读一本好书，可能要比老师上一堂语文课要好，特别是小朋友自己喜欢看的书，所以我也希望各位家长，利用双休日多给孩子买一些好书，买一些正能量的书，让他们在书籍当中遨游。

五是环境熏陶，潜移默化。优美环境熏陶人，潜移默化塑造人。现在的地铁站、广场等公共场所布置都很讲究文化，即使在厕所里也有"向前一小步，文明一大步"的很人性化的标语，对学生的成长是有帮助的。作为对孩子有着特别重要教育任务的家庭和学校，更要重视环境的布置和熏陶。如我校有个很简朴的校门，你路过的话，绝对不会对这个校门有什么印象。但是如果让我介绍一下，你就永远不会忘记这个校门。校门内有一根柱子，像一支笔又像一个栋梁，旁边的围墙像三本书，移动门寓意活动。我们的校门寓意廊小学子走进校园，要天天写好字，天天读好书，天天搞好活动，长大了做祖国的栋梁之才。大家想一想，一个学校"读书、写字、活动、做人"，永远是一个学校不变的四个核心词。当我们赋予这样一种教育内涵的时

—— 校长观点 ——

❝优美环境熏陶人，潜移默化塑造人。❞

—— 校长观点 ——

66 培养孩子良好的习惯，家长必须有明确的要求，有具体的落实，否则是没有方向、没有行动，空谈不可能有效果。99

候，这样的校门谁还会忘记呢？

得阅读者得语文，得语文者得天下。以前高考分数拉开是靠数理化，以后高考成绩拉开是靠语文，而提高语文成绩，阅读太重要了。为了让我们廊下小学每一个小朋友都喜欢看书，我特地请我校创始人后裔、全国著名雕塑家、我校名誉校长何鄂雕塑大师写了一句话"爱书吧，和好书交朋友，让阅读成为一生的兴趣的爱好"，我校把这句话刻在小朋友天天走过的一块大石头上，潜移默化地感染影响学生，并结合学校的各种阅读活动，让廊下小学每一个小朋友都喜欢和好书交朋友，都喜欢看书，真正让阅读成为一生的兴趣和爱好。

像这样的景点，我校有三十个，对学生的成长具有很大的影响。作为家庭也要注重环境的布置，比如墙上可以挂一幅能陶冶情操或给人力量的画或字，房间里放一个摆满好书的书架，也是非常重要的。

六是明确要求，强化落实。培养孩子良好的习惯，家长必须有明确的要求，有具体的落实，否则是没有方向、没有行动，空谈不可能有效果。比如，你要培养孩子阅读看书的习惯，你就要对孩子提出要求：每天坚持看书半小时，在自己的书上可以圈圈画画，注些标记。根据这些要求，你要督促孩子按照要求去做，做得好的要肯定表扬，可以再增加一点要求；做得不好的要提醒、督促，直到孩子做到为止。现在，提倡亲子阅读，非常有利于孩子养成阅读的习惯。

七是发现问题，寻找对策。家长要时常捕捉到孩子的不良习惯，在不良习惯的萌芽状态去矫正就容易改掉，否则就可能要花大力气。发现孩子的不良习惯后，家长要寻找最好的对策，用孩子听得进、能够接受的方法去教育孩子，千万不要用简单、粗暴的方法，要么骂一顿，要么打一顿。要晓之以理、动之以情，让孩子知道自己错在哪里，可能造成什么后果，使孩子能主动地把不良习惯改过来。

八是有奖有惩，重在激励。奖励和惩罚是规范孩子行为的有效杠杆，是教育孩子成长的有效手段。孩子表现好应该有奖励，这种奖励应该是精神奖励为主，翘翘大拇指，摸摸头，给一个点头微笑，给一个拥抱都是很好的奖赏；如果孩子喜欢看书，也可以给孩子买一本书；如果说孩子喜欢看电影，带孩子去看一场电影。如果孩子表现不好应该要有惩罚，比如他喜欢吃的零食不给他吃，他喜欢玩的游戏不让他玩，如果问题严重打骂一下未尝不可，

—— 校长观点 ——

❝ 奖励和惩罚是规范孩子行为的有效杠杆，是教育孩子成长的有效手段。❞

—— 校长观点 ——

❝不要为了惩罚而惩罚，要讲究惩罚的方式。❞

让他知道他做错了事情，爸爸妈妈要惩罚的。当然，惩罚的目的是为了让孩子改正不足，不是为了惩罚而惩罚，要讲究惩罚的方式。

九要有始有终，持之以恒。大家肯定有过这样一种情况发生，孩子有了缺点，家长批评后立竿见影，孩子马上表现不错，但是过了一段时间孩子又表现不好了，就是因为家长没有有始有终，没有持之以恒。习惯的形成有三个阶段，你只注重第一阶段，第二阶段忽视了，第三阶段更忽视了。所以第二、第三阶段一定要跟上去。

培养孩子良好的习惯，还有很多很多方法，我只是举了以上几种。家长们肯定有很多好的教育方法，平时大家可以一起相互交流，相互学习，多学一些方法，多掌握一些技巧，让孩子们有更大的进步。我想赠送大家一首我亲自写的拍手歌《养成好习惯》，希望大家喜欢：

你拍一，我拍一，良好习惯人人喜，天天进步有动力；

你拍二，我拍二，言行一致少不得，茁壮成长真快乐；

你拍三，我拍三，父母教育是关键，言传身教重如山；

你拍四，我拍四，溺爱放任不可以，

严爱相济总相宜；

　　你拍五，我拍五，老师教导要记住，小事做起迈好步；

　　你拍六，我拍六，行为训练开好头，遵纪守法乐不够；

　　你拍七，我拍七，互帮互学互勉励，你追我赶换生机；

　　你拍八，我拍八，不良习惯害处大，努力改掉大家夸；

　　你拍九，我拍九，自律自信勤加油，快马加鞭不停留；

　　你拍十，我拍十，养成习惯真神奇，受益一生兴万事！

　　最后我想用这样一句话和各位家长共勉："好习惯是父母给孩子的最好礼物，与其给孩子金山银山，不如教给孩子好习惯。"

—— 校长观点 ——

"好习惯是父母给孩子的最好礼物，与其给孩子金山银山，不如教给孩子好习惯。"

家　长：从小学一年级到三年级，孩子握笔姿势一直不正确，怎么也改不过来，接下来应该怎么解决呢？

朱保良：现在学生写字姿势不正确的比例很高，需要我们学校和家长引起充分重视。作为学校，我们一定要从一年级抓起，从每门学科抓起，重视每个学生的正确写字姿势。那么，作为家长该怎样抓呢？

第一，要有信心。我觉得信心比什么都重要。当家长认为自己的孩子不行了，孩子也认为自己不行了，那错误的写字姿势就永远也改不掉。所以家长和孩子都要有信心，要坚信通过努力是能够改掉的。同时家长要有思想准备，一个坏习惯改过来是很难的，可能要用一个月、两个月、三个月，乃至半年、一年，家长一定要有毅力，直到改正为止。

第二，要有耐力。要让孩子知道什么样的握笔姿势是正确的，什么样是错误的，这是改正的基础。如果孩子不知道，

问津校长

那先要让孩子分得清正确和错误的姿势。一般孩子都知道，但往往写着写着又情不自禁地错了，家长要在旁边督促、提醒，及时改正过来。家长要计算出孩子每次写字姿势正确的时间，看看有没有增加，一旦增加了就要肯定鼓励，让每次正确的时间逐步增加。

第三，要有方法。与奖惩相结合，精神奖励为主，物质奖励为辅。如果孩子喜欢旅游，双休日带孩子走一走；如果孩子喜欢玩具，可以去买一件，但前提都是孩子写字姿势有进步。与榜样相结合，最好的榜样是父母，家长可以经常示范一下；也可以是老师和同学，看看孩子同学中有没有通过努力已改掉了写字不良姿势，这样的同学榜样往往有很好的说服力和影响力。与老师经常沟通，让老师也经常提醒写字姿势，及时肯定并提出要求。要鼓励让孩子多参加各类写字比赛，凡是比赛的活动，学生兴趣、热情往往比平时要高，决心要大，比赛主要看孩子有没有进步，有进步就是成功，当然如果得奖更好，更有利于孩子早日养成正确的写字姿势。

家　长：我们是双职工家庭，晚上回家也比较晚，我们想让他在我们回家前就把作业完成，但是他一定要拖到我们回家才做作业，想了很多方式，也不能让他及时完成作业，请问这种情况怎么解决？

朱保良：这个现象很普遍，也是双职工家长最头疼的一件事。作为双职工，七八点钟回到家里，如果发现孩子作业写完了，还在认真看书，一天的工作疲劳就烟消云散。可是，发现孩子这也没做，那也没做，还在玩游戏，一定要等父母坐在旁边才完成，这是非常令人头疼、烦恼的事情。那怎么办？

一是规定时间。家长要给孩子定好时间，这些作业从几点到几点一定要完成，这个时间观念一定要让孩子养成。在双休日，父母一定要让孩子按规定的时间完成；在工作日，一开始，可以让孩子把他最喜欢的一、二门学科作业先完成，难的一门或他不喜欢的一门可以等到父母回来再做，慢慢养成在父母回家之前全部完成。刚开始，家长在没有回家前也可以给孩子打个电话问问作业做得怎么样了，鼓鼓劲、提提醒、加加油。

二是要求统一。父母对孩子的要求一定要统一。孩子没有完成作业该批评就要批评，该惩罚就要惩罚，当然要注意运用对孩子有用、有效的批评、惩罚方法。孩子很多不良习惯的养成和父母的意见不统一有很大关系，如果父母思想要求统一了，让孩子改掉这个坏习惯就容易多，否则效果就会打折扣，甚至很难改掉、无法改掉。还有爷爷奶奶的意见也要和父母的意见相一致，形成有效合力。

三是要有方法。很多孩子的习惯不好，和父母的教育方法有很大关系，时间、精力花了很多，效果就是不佳。父母应该要多看一点书籍，多向他人学习取经，多向老师请教，多总结反思，方法一旦对了，效果就可能马上出来。

四是奖惩结合，孩子有了进步就要鼓励，可以给他买一本孩子喜欢的好书，带他看一部孩子喜欢的电影，买一点孩子喜欢的零食。如果没有进步，那就惩罚，喜欢吃的零食不给他吃或少吃一点，喜欢玩的游戏，不让孩子玩或少玩一点，让孩子感受到进步之后的快乐和没有进步的后果。当然，家长要注意奖惩的度，要适合孩子的接受心理，以便取得最佳效果。

五是做到耐心。改变一个不良习惯要比养成一个好习惯不知要难多少倍，不可能几天、几个星期就可以改掉的，家长要打持久战的准备，而且要及时改进、调整方法和策略，以便取得更佳的效果。

我们相信：功夫不负有心人，只要努力，肯定有成效。

爱子为其计深远

黄玉峰

上海复旦五浦汇实验学校校长，上海市特级教师，上海写作学会常务副会长，复旦大学社会科学高等研究院特聘教授，复旦大学高等教育研究所硕士生导师，华东师范大学中文系硕士生导师，上海儒学研究会中小学国学教育委员会主任，上海语文学会理事，上海诗词学会理事，复旦大学书画篆刻研究会副会长，上海语言工作协会理事。在北京电视台、上海电视台讲《汉字趣谈》《天地一文人》《中国科举制度》《说杜甫》《说苏轼》等节目，出版《六朝山水诗》等专著三十余部，并在《上海教育》《语文学习》开设《玉峰说字》《玉峰讲字》等专栏。坚持提倡并践行"人生教育，君子养成"的理念，应邀在全国多所大中小学、机关、社会团体讲学，宣讲这一教育理念，受到普遍好评。

各位家长，很荣幸有这样的机会和大家一起探讨教育问题。今天我想和大家讲讲"爱子为其计深远——让教育充满智慧"。

聪明和智慧的区别

聪明，更多的是天生的，耳聪目明。聪是耳朵、明是眼睛，聪的繁写体是"耳"字旁边下面一个"心"，上面一个"囱"，囱，是脑子的形象，代表反应快，脑子灵，这是聪明。而智慧，可能很聪明，但主要是对大局、对人生体验的把握，对整个事物的宏观理解。智慧背后的东西是什么？是善良。没有善良，不可能有智慧。不要把智慧看作是聪明，它的本质是善良，是对人的一种爱、一种宽容、宽博、理

—— 校长观点 ——

" 成功，不但靠聪明，更需要智慧。"

解——对人生的一种理解，对世界的一种理解，这些形成了人们对很多问题的智慧的看法。

比如，进行语文学习，要写作文，小学要背几篇作文，初中要套几篇作文，这就是要小聪明。真正的学语文，要下苦功夫，要大量阅读、死记硬背，积累到一定程度，你自然而然就可以滔滔不绝地讲东西了。这不是小聪明，而是教育当中一种智慧的表现。再比如，做生意，待人接物，你宁愿吃亏，也真诚地待人，而不是撒小聪明，占小便宜，结果你得到的恰恰更多。

起跑线上不要论输赢

—— 校长观点 ——

"起跑线上不要论输赢。"

"**不**要输在起跑线"这句话对不对？又对又不对。

—— 校长观点 ——

"智慧，是符合教育规律的东西。"

三岁看老，从小应该养成好的习惯，在人格上一点点积累，打好扎实的基础，从这角度讲确实要"赢在起跑线上"。

而我们之所以说"不要输在起跑线"这句话不对，是因为它的方向错了。举个例子，有些家长从孩子很小的时候就开始刷题，很多当时成绩非常好的孩子，跑在很前面，现在并不一定好。什么道理？急功近利，就是为了分数。这就给了孩子一些不应该的东西——揠苗助长。智慧，是符合教育规律的东西，而这些事情不符合教育规律。

我们在教育的过程中，我非常强调"静"。诸葛亮在前面打仗，关心自己孩子们学习怎么样。写了一封信，上面有很有名的一句话，"淡泊以明志，宁静以致远"，特别强调"静"。"静"是什么意思？不是没有声音，而是不浮躁、不争，不为名利而争。静，就是"青"字旁一个"争"字，青，具有提炼超越否定的意思，否定"争"就是"静"。"淡泊以明志"。今天成绩考得好我很高兴，考得不好，我也没有太难过。当你不争的时候，心情是平静的，这种境界有利于学习。

"天之道，不争而善胜。夫唯不争，故天下莫能与之争。夫唯不争，故无尤。"要"赢在起跑线"，在幼小的时候就想战胜别人，那是走错了路。人的成长，本身不是争来的。

《中庸》中说道："天命之谓性，率性之谓道，循道之谓教。"这就是教育最根本的东西。"天命之谓性"，什么叫"性"，"性"是内心世界自己长出来的东西。每个人的"性"不一样，教育，就是要让每个人根据自己的特点成长起来。"率性之谓道"，按照性、按照本来的规律成长、变化、提高，这就是道。"循道之谓教"，按照道的规律进行教育，才叫"教"。

我们的孩子要从小培养兴趣，科学、文学或者是数学，等等。每个人的兴趣不一样，若按照他的兴趣发展，那么这个人容易成功，反之则不容易成功。我们要让孩子从小渐渐地知道，自己的兴趣是什么？当然，有些兴趣是可以培养的，小的时候渐渐激发兴趣，慢慢进行引导。而很多人没有选择，往往是"一定要这样做"，被动的学习，兴趣就没有了。

—— 校长观点 ——

❝被动的学习，兴趣就没有了。❞

急功近利与欲速则不达

六岁出版一本书的"神童"的家长，是一种急功近利，他们希望自己的孩子成名，却没有想到，这是对孩子的伤害。

对孩子最重要的是什么？是成人。

教育是为了什么？最根本的原因是要让一个人有修养，让一个人智慧、善良起来。中国古代教育的精华就在这个地方，首先要做人、做一个君子。我在学校提出"君子养成"，我们要培养孩子成为君子。

我常说"做人要做苏东坡"。苏东坡被贬到海南岛，对迫害自己的人依然非常宽容、原谅。当他将重新被起用的时候，他所谓的"仇人"章惇的儿子、苏东坡的学生，写信给他，说请你对爸爸高抬贵手。东坡回信"某与丞相定交四十余年，虽中间出处稍异，交情固无所增损也"。我们要学习他的内心强大，一再贬职，内心依然强大。

享受幸福，需要有享受幸福的素质，没有素质不能享受幸福。钱再多，依然不幸福，不愉快！

很顺利地考取大学，也不一定就开心。

我们的教育就是要培育你的素质，也就是享受幸福的素质。人到世界上是干什么的？我们经常说"不忘初心"，落实到个人来讲，就是你的幸福、你孩子的幸福，你要为孩子的幸福着想。如何提高孩子的幸福指数？就是提高他享受幸福的素质。

—— 校长观点 ——

❝ 我们的教育就是要培育素质，也就是享受幸福的素质。❞

教育需要 "慢慢来"

我们要看到，教育是 "慢慢" 的事业。前两年我碰到一位美国学校的人问我："黄老师，中国大陆的一些学校都有哪些校训？" 我说，厦门大学校训是 "自强不息，止于至善"，清华大学是 "厚德载物，自强不息"，复旦大学是 "博学而笃志，切问而近思"。我反过来问，你们的校训是什么？他讲了一个校训，我大吃一惊，只有三个字："慢慢来"。慢慢来才能博学笃志，才能自强不息，才能厚德载物，才能止于至善。这是教育的智慧。现在我们违背了教育的智慧。

> **" 慢慢来才能博学笃志，才能自强不息，才能厚德载物，才能止于至善。"**

书要慢慢看的，现在刷题，最好我明天成绩就可以上去，最好很快就可以成为第一名，最好别人透露题目给我，最好怎么怎么样。有这样的人吗？有的，只要成绩好，不择手段。但这不是教育，这是在害孩子。

联合国教科文组织在 1972 年的时候提出 "四个学会"：1.学会

学习（Learn to how to learn）；2.学会沟通（learn to live together）；3.学会做事（Learn to do）；4.学会做人（Learn to be）。

孔子说："古之学者为己，今之学者为人。""行有余力，然后学文。"做人是最要紧的。

怀德海说："孩子是有血有肉的人，教育的目的是为了激发和引导他们的自我发展之路。"

第斯多惠说："教育就是激发。"每个人的内心不一样，把他真正好的东西激发出来，每个人都有长处。我们教育往往就是补短板，其实更重要的是要扬长。

"教育是唤醒，是点燃，是激发"，唤醒他内心本来有的东西。王阳明说"致良知"，每个人的内心世界都有良知，要把良知唤醒。长处也需要唤醒。

真正的学习目的是学以成人，孔子的学说是"成己之学"，成就自我。

孩子的成长，我们要进行培养，有很多具体的要素：

（1）身体健康。一个孩子的核心素养中，身体健康当然很重要，不能不顾学生的身体健康。学校要给孩子们锻炼身体的时间。

（2）合群融众。

（3）终身阅读。幸福的能力哪里来？

—— 校长观点 ——

❝ 教育是唤醒，是点燃，是激发。❞

就是要不断学习，终身学习，学习是很开心的事情。学习的能力，幸福的能力，是需要养成的。终身阅读很重要。

　　各位家长，如果你的孩子特别喜欢看书，不要说"不要看书，你要刷题，怎么不做题就是看书！"有些家长认为看与考试无关的书，没用。这不对。就是要让孩子看。看看看，就会养成了看书的习惯，将来孩子就可能成为一个学者，一个了不起的人。如果孩子光是成绩好，却不会看书，今后的发展也是有限的。没有一个学者是自己不看书的。

　　（4）勤于体验。

　　（5）铸造毅力。要有体验、有毅力、要坚持。不要轻易放弃，要做什么事情就要做到底，要么就不要做。

—— 校长观点 ——

66 真正的学习目的是学以成人，孔子的学说是'成己之学'，成就自我。99

孩子成长需要的五大能力

　　（1）与人沟通的能力。

　　（2）团队合作的能力。

　　（3）创造性学习思维的能力。

　　（4）认识和处理自己的情绪的能力。

　　（5）完善的人格（自我价值）的建立。

　　具体的有效沟通的方法：

　　（1）尽量尊重孩子的选择。

—— 校长观点 ——

66家教、家训都很重要，规矩越早有越好，这才是赢在起跑线上。99

（2）该认错时就认错。

（3）适当的解释不可少。

（4）孩子有权参政。

（5）不要对孩子的期望值过高。

（6）适当的惩罚是需要的。

（7）多给孩子一些照顾父母的机会。

沟通是有方法的，有的家长和孩子的沟通非常好，有的孩子就会和家长对着干。太宠不行，太没有规矩也不行。家教、家训都很重要，规矩越早有越好，这才是赢在起跑线上。同样孩子要学会有耐心，学会欣赏人，学会爱惜自己，学会安慰别人，学会立定志向，学会慷慨助人，学会坚持正义真理，这些都是一个人必需的东西，这需要在学习的过程当中养成。

在我编写的《中华文化基础教材》里面谈到了学习的目的：去蔽成人，陶情冶性；学习的原则：养根加膏，不可夺志；学习的态度：激发兴趣，谦逊好学；学习的内容：志道游艺，全面发展；学习的方法：知行学思，融会贯通；学习的过程：循序渐进，学不躐等。

以学语文为例。学习语文，我赞成"死记硬背"，死记硬背之后才会活用起来，叫"死去活来"。"养其根而俟其实，加其膏而希其光；根之茂者其实遂，膏之沃者其光晔",我们要把根养好,只要根养好就不怕了,根茂盛了,就会果实累累。

举个例子,记忆很重要,为什么要死记硬背,开发你的大脑首先就要记。现在有个问题,大家只谈创新。世界上有几个人能创新?创新的很少,大多数都是在别人创新的基础上进行发展、学习。而我们对前人的东西,首先要学到。还没有学到就谈创新,这叫侈谈创新。

当然,有创新的意识很重要,有独立的想法很重要。不要人云亦云。不人云亦云,就需要大量的积累。

接受性学习很重要。我们不能光是搞研究,首先要接受,然后才是研究性学习。我很赞成中国古代的教育思想,师道尊严,传道授业解惑,这是基础。将来你再去创造。

现在我们提出"以学生为本",实际上《学记》早就讲了:"君子之教,喻也。道而勿牵,强而勿抑,开而勿达。道而勿牵则和,强而勿抑则易,开而勿达则思。和、易以思,可谓善喻也。"什么叫"教",就是要让你明白、要引导,但不要牵着走。

"学者有四失,教者必知之。人之学也,或失则多,或失则寡,或失则易,或失则止。此四者心之莫同也"。你学得太多

—— 校长观点 ——

"要把根养好,只要根养好就不怕了,根茂盛了,就会果实累累。"

—— 校长观点 ——

❝以学生为本，要让学生明白，要引导学生，但不要牵着走。❞

也不行，学得太少也不行。多和少，对每个人不一样。

纪伯伦说："我们已经走得太远了，以致忘记了当初为何出发。"我们培养孩子的目的是希望他可以健康、开心、幸福，将来可以成为一个幸福的人。结果我们的教育恰恰不让他幸福，逼着他失去他的天性，逼着他失去应有的发展空间。

人生教育，君子养成

我到上海复旦五浦汇实验学校就提出一句口号：人生教育，君子养成。

"独立、善良、智慧、美丽"，是我们培养学生的目标。"独立"，我们要成为一个独立的人、活出自我，每个人都不一样，不要和别人相比。思考问题也需要有独立思考，不要人云亦云。

"善良"，对一个人非常重要，要将心比心，要能够为别人多考虑。

"智慧"，不是小聪明，要有大智慧。当然，聪明很好，聪明也可以变成智慧，但这有一个修炼的过程。很多人凭着小聪明做事，是个人态度、自我太重，以自我为中心。以自我为中心的聪明反而是害人。

"美丽"，成为一个美丽的人，由内而

外的美丽。我在北京讲学时遇到一些问题，当时向一位 106 岁的老先生请教。我到他的房间里面，他的书房很小，只有不到 7 平方米。本来想谈半个小时，结果我们谈得很开心，谈了一个多小时。谈好之后我要和他拍照，他让我等等。于是便到里屋去，换了一件衣服、一副眼镜。他和我并不认识，不过是别人介绍我去的。106 岁了，还要打扮一下才和我拍照，这就是贵族，这就是美丽，美丽是由内而外的。读书最终的目的是什么？是为了"美容"！有知识的人，他的脸和没有知识的脸是不一样的。善良的人和不善良的人，脸也是不一样的。

印度佛教讲过一个故事。有一年一个地方大丰收，大家感激上天，要塑一个菩萨。塑造之前，需要找一个人来做模特儿。他们上天入地求之遍，两处茫茫皆不见。后来说到学校里面找，学校的小朋友最好看、最纯洁、最幼稚。小孩子的漂亮是真的漂亮。找了一个小孩子，塑好之后佛像很漂亮，给了他一些钱就走了。过了若干年，在另外一个村庄、另外一个地方，连年的灾荒，要么是旱灾、虫灾，他们也要塑像，要塑一个魔鬼相，让魔鬼不要害他们。于是他们也到处去找，上天入地求之遍，两处茫茫皆不见。哪里找？他们说到

—— 校长观点 ——

"独立、善良、智慧、美丽，是我们培养学生的目标。"

监狱里面去找，监狱里面有犯人，他们的脸是丑陋的。果然，在监狱的角落里面看到了一个人，脸上都是刀疤，眼睛闪着凶光，觉得这个模特很好。魔鬼像塑造好之后，给他钱，让他回到监狱。这个人哭了。"你为什么要哭？你做了很多坏事，你改过就好了。""若干年前人家把我当菩萨塑造，现在怎么作为妖魔塑造？"

我们说"相由心生，相随心转"。如果你 80 岁、90 岁、100 岁的时候，你还是一个慈祥、漂亮、干净、身体健康的人，那么你的人生是成功的。当你 80 岁、90 岁，看上去脸依然没有慈祥的样子，依然计较，说明你的人生不成功。女孩成为淑女，男孩成为绅士，都可以成为君子，这就是教育成功。教育成功不在于要考取什么大学，考取好的大学是我们应该追求的、应该努力的，但它不是我们的终极目标，它只是一个阶段性的目标。而且也不是人人能进清华北大，但人人可以成为君子。

人生教育和素质教育不一样，和应试教育也不一样。人生教育，不仅要关心它的前天和昨天，当然也要关心他的今天，更要关心他的明天、后天。

现在我校通过三年半的努力，现在已经实行了"一本二翼三和五教"，这是我们

—— 校长观点 ——

"人生教育和素质教育不一样，和应试教育也不一样。"

的治校方略。"一本"是君子养成,"二翼"是人文、科技。"三和"是家庭、学校、社会,三个平台要非常的和谐。家长对我们非常和谐,有事情也经常找我,我有事情也会和他们商量,我们都是为了教育好孩子。然后是"五教":"诗教、礼教、乐教、科教、家教"。每个人都要会写诗、要读诗。读诗,使一个人有情怀,诗人往往激情满怀。当然,诗教不仅仅是会写诗,而是要培养一种诗意的气息。礼教,我们要有礼,要规矩。但是太规矩,就会约束太多,所以我们还要有乐教,要让他开心起来,唱歌、跳舞。然后是科教,现代人当然要有科学。最后家教很重要。我接触很多学生,凡优秀的,都有良好的家教。中国古代的教育很精彩,颜之推的"颜氏家训"、曾国藩的家书,也都是非常好的,都是我们可以借鉴的。

作为一个真正的人,不管教育如何变化,有很多东西是永远不变的,譬如对人的追求、对人的品德的追求。现在引进很多新的东西,但有是一点是不变的,就是要培养一个君子。

我们搞了很多教育,比如整本书阅读、文化行走,我们走了很多地方,出去开开眼界。眼界大了才有智慧。我们文化行走,

—— 校长观点 ——

**❝人生教育,
君子养成。❞**

—— 校长观点 ——

"写诗、规矩，这些都考不到，但是我们认为这些东西比分数重要。"

"行万里路"，这是教育的提高。三年半来，学生写了1.1万首诗。每次出去，平均一个人要写10首诗，虽然写得比较幼稚，但他们从此知道自己会写诗了，这是很大的进步。

为了实现这个目标，我们学校有很多具体的措施：校礼三字经，晨会周周演，等等。比如演戏剧，这对一个人很重要，不仅要会讲话，要会表演，还要会写剧本，等等，需要整体的学习。我们有话剧团，我们有很多很多社团活动。

如果说这次考试比其他的学校好一点，那仅仅是体现在学习成绩上。其实远远不止"一点"，即使我们和别人"考"得一样，但是我们在其他方面花了很多的时间。像写诗、规矩，这些都考不到，但是我们认为这些东西比分数更重要。

问津校长

家　长：学校是否会碰到校园欺凌相关问题，需要怎么解决呢？

黄玉峰：这种情况有没有？学校总会有几个比较调皮的孩子。往往从家长的角度来讲，我觉得双方都有一些关系，不是单方面的，应该是双方面的。被欺负孩子的家长，一方面要和另外一位家长进行沟通。我觉得大事化小，对方完全是可以沟通的。我们学校也有发生过这样的情况，我让两个家庭都坐下来，孩子也坐下来。当然，不能一蹴而就。一次不行两次，两次不行三次，往往后来他们还会成为好朋友。

这些事情还要通过智慧解决，不要矛盾尖锐化，要理解为什么对方孩子会这样？往往是家庭暴力影响到孩子。家里爸爸打孩子，于是他就打其他人，来进行发泄。我们和家长讲，不能打孩子，应该怎么怎么样。孩子的内心世界也会好一些。我们碰到过这样的情况，沟通之后，没有再发生。

家　长：性格内向的孩子如何鼓励？

黄玉峰：性格内向这也是天生的。内向就内向吧，有些人内向也很成功，有些人外向成功。孔子说过一句话，君子"讷于言而敏于行"，不轻易讲、不随便说，但行动很好，这也是中国人提倡的品格。外国人比较外向，有什么说什么。各有各的好处。不要说内向一定不好，一定要他改过来，他会很痛苦，没有必要。

作为学校来讲，让他可以多和同学沟通，可以多出去走走。就像有的同学从来没有写过诗的，突然就会写诗了，我也很吃惊。我们出去的时候，往往车子一开，我先写诗，引出大家的诗兴。性格也是如此，比如我们演出，演话剧，可以使一个人的性格有所改变。他在话剧当中模仿这个人，明明自己不是这个性格，他就模仿这个人的性格。内向的人不愿意表演，让他去表演，表演需要讲话，需要投入。表演之后，相对来说可以好一些，但也不要完全变过来。完全改变，就不是我、不是他、不是你，是另外一个人了。

发现和支持家里那个独特的孩子

徐　谊

上海市教育学会宝山实验学校校长，上海市宝山区问题化学习研究所副所长，上海市特级校长。上海市政府教育督导室兼职督学，上海市教育学会初中教育管理专委会副主任，教育部中学校长培训中心特邀专家。曾主持教育部重点课题一项，作为副主持参与国家级课题一项，获得过2017年上海市基础教育教学成果特等奖和上海市第十届教育科研成果一等奖、三等奖等。著有《走向课程4.0》《有效学习设计——问题化、图式化、信息化》和《问题化学习教师行动手册》(第一、二版)等，主编"问题化学习"系列丛书。

"人民网"曾经发布这样一篇文章，题目是"全国 68 个高考状元，家庭教育方式惊人相似"。文章这样写道，"近日，各地高考分数线出炉。有人从近几年 68 个高考'状元'身上，总结出值得借鉴的 10 个教育启示：（1）学霸也离不开爱的滋养；（2）他们热衷的不是学习，而是思考；（3）爱学习，也爱生活；（4）言传身教就是最好的教育；（5）学会放手；（6）因材施教；（7）阅读经典，培养语感，扩宽思维；（8）题不在多，在于总结；（9）作息规律，热爱运动；（10）比成绩重要的东西还有很多"。

如果看了这篇文章，我想，家长们肯定和我一样，第一时间就会逐条对比着这十个教育启示，反思自己是否都做到或者都做好了。真是可怜天下父母心啊，在这个对孩子教育集体焦虑的时代，做父母的无时无刻都思考着如何让自己做得更好，让孩子变得更优秀。

说实话，作为他人眼中家有"学霸、牛娃"的父亲，我看了上述的这十条"启示"，感到很惭愧，因为我和我家孩子很多条都不太符合。所以我想，对于孩子的教育，即便"他山之石、可以攻玉"，但更多的一定是"袖里乾坤、冷暖自知"。由此，我想作为家长，也作为一名教育工作者和各位家长谈谈究竟怎么认识孩子的学习，怎样来更好地支持孩子的学习。

每个孩子和他们的学习都不一样

每个家长口中也许都有一个"超级"孩子，那就是"隔壁家的孩子"。但其

—— 校长观点 ——

❝ 孩子认知能力与个性品质的发展有其一般规律，但个体间存在差异，所谓因材施教，本质上就是基于差异，扬长补短。❞

—— 校长观点 ——

" 对于孩子的学习，我们不是也不能让孩子去'复制''隔壁家的孩子'，而是努力让孩子保持对学习的热情，形成良好的学习方式和习惯。"

实我们心里都明白，无论生活中还是教育中，"超级"孩子是不存在的，"隔壁家的孩子"也不完美。所以，家长试图用"隔壁家的孩子"来激励自己家的"小冤家"，不仅常常会事与愿违，甚至还有害。这是因为，孩子认知能力、生理心理与个性品质的发展受多种因素的影响，是个体极其复杂的多重机制协同作用的结果。我们常说，自然界没有相同的两片叶子，更何况人。

举个例子。我和我爱人曾经用微信通过对话的方式做过这样一个有趣的小调查。调查的对象有三个，分别是我儿子毛毛、外甥豆豆以及儿子的朋友宝宝。当时，三个孩子都在国内外顶尖大学上学，我儿子和外甥都是工程专业，儿子的朋友是经济专业。我们提出的问题是"如果你要学习广义相对论，你要搞清楚哪些问题?"毛毛的回答是：为什么要提出广义相对论的理论；之前的理论有哪些不自洽；然后就思考从哪里入手。豆豆的回答是：相对论把时间作为一个维度，那么广义相对论中这一维度与之前的三维有什么区别与联系，在这个基础上以前的一些结论能不能适用，或者说哪些适用哪些需要改变，变成什么样了，为什么。宝宝的回答是：为什么要学习相对论。这里有许多深层次的心理学意义上的问题可以探讨，但它有一个显而易见的结论，那就是，三个孩子在面对同样的学习任务时，他们的学习路径甚至对学习意义的理解都不一样，而这种不一样显然并没有影响孩子本身在学习方面所体现出来的不同的优秀。因此，对于孩子的学习，我们不是也不能让孩子去"复制""隔壁家的孩子"，而是努力让孩子保持对学习的热情，形成良好的学习方式和习惯，学会学习、扬长补短。

—— 校长观点 ——

❝我们常说，没有最好的教育只有最适合的教育，要做到'适合'，关键是充分的发现和支持。❞

学校和家庭教育都应努力做好发现与支持

有研究认为，个体的"三大系统"会深刻影响其学习的结果，也就是自我系统（如学习动机、意志行动）、元认知系统（如学习状态和过程的意识、调节）和认知系统（如学习方式、学习倾向）。通俗来说，就是愿学习、善学习和会学习。所以，孩子学业表现得好坏，绝对不是简单的所谓脑子聪明不聪明的问题。它首先是一个学习动力问题，其次是一个学习管理问题，最后才是一个学习能力问题。而学习能力，

—— 校长观点 ——

66 要关注孩子学习的过程，不能只看孩子学了没有，更要看孩子怎么学。99

不仅仅涉及智力，还包括学习方式、能力倾向等。

由此，无论是学校教育还是家庭教育，我们关注孩子的学习，就不能只看最后那个结果，更要关注孩子学习的过程，不能只看孩子学了没有，更要看孩子怎么学。其中，要特别细心地呵护孩子的好奇心和对学习的兴趣，要培养孩子良好的学习习惯和方式，并逐步让其学会管理自己的学习。事实上，孩子的教育是不能目标管理的，甚至我们都不应该是一名"管理者"，而应该努力做一位"发现者"和"支持者"。发现他们学习和成长过程中的喜怒哀乐、尺长寸短。只有这样，才不会盲目地让孩子奔波在各类培训班、补习班的路上，也不会因孩子的一时表现或鱼跃或跳脚。学校教育中我们常说要懂得敬畏，敬畏教育、敬畏孩子，其背后的道理是承认教育的复杂性和人的复杂性。如果不懂敬畏，我们就会陷入武断、粗暴，甚至变得无知。其实家庭教育也如此。所以说，唯有细心的发现，才能让我们避免武断，唯有发现，才会有更充分的支持。

让孩子具备应对不确定未来的主动适应能力

—— 校长观点 ——

> **今天的老师是为未来而教，今天的学生是为未来而学，为未来的教与学就是让孩子具备应对不确定未来的主动适应能力。**

2016 年"世界经济论坛"的《未来工作报告》中指出，到 2020 年社会对人的能力需要，最重要的有四项，即解决复杂问题的能力（36%）、社交技能（19%）、过程技能（18%）和系统性技能（17%），而知识性技能只剩下 10%。在中共中央办公厅、国务院办公厅印发的《关于深化教育体制机制改革的意见》中也提出，我们必须"在培养学生基础知识和基本技能的过程中，强化学生关键能力培养"。这些关键能力主要包括了认知能力、合作能力、创新能力和职业能力。由此，无论是家长还是学校老师都必须明白，今天的学校教育绝对不能只是知识的灌输或者以掌握所谓书本的知识为唯一目的。它应该是为学生赋能的，这种"能"是综合的、全面的，是在他们离开学校之后，还能主动学习、持续学习、终身学习，能够以自己的"德智"去解决真实

—— 校长观点 ——

❝ 孩子的教育，归根到底是让他们学会学习并且主动、持续地学习。❞

而复杂问题，能主动适应未知的变化和复杂的世界。

由此，我们又回归到一个核心问题，就是学习。因为复杂问题的解决能力也好，主动适应能力也好，对孩子来说并不是一种教授的或是既定的能力，能够让他们用以应对所有的未知。它是一种发展的，必须通过持续的学习才能不断提升的能力。因此，孩子的教育，归根到底是让他们学会学习并且主动、持续地学习。

十多年来，我和我的团队一直致力于问题化学习的研究。我们认为学习方式是影响教与学各要素的重要变量，是导致学习者知识获得、能力发展和意志行动的关键因素，也是倒逼学校教育教学变革和改进的积极因素。作为一种学习方式，我们提出，问题化学习必须以学生对问题的主动发现与提出为开端，用有层次、结构化、可扩展、可持续的问题连续体贯穿学习过程和整合多种知识，通过系列问题的解决，实现知识的连续建构，学习的有效迁移与能力的逐步形成。它突出强调了学习者的自我系统和元认知系统在学习中的重要影响，聚焦问题的系统建构与解决在优化知识结构与认知过程，提升学习者综合学力中的重要功能与意义，从而真正让我们的孩子从学会走向会学和乐学。

所以，无论是学校教育还是家庭教育，我们都需要"重心下沉"，从孩子学习的第一天起就关注其良好学习方式和习惯的养成，思考怎样的学习才能真正让孩子自如应对他们未来的人生。

陪伴和言传身教也许是家庭教育的全部

回到一开始那篇关于高考状元的家庭教育的文章。文中指出，那些"学霸"都通常深受父母言传身教的影响。孩子们很少提起父母对自己口头上的教诲，说得更多的是爸妈行动上的感染。其中，安徽状元董吉洋说："偶尔我也会厌学，不想看书，爸妈注意到了，也不说什么，就把电视关掉，坐下来看书，看到他们在看书，我也就不好意思不看书了。"

我们很多父母都把自己未曾实现的人生目标"转移"到孩子身上，对孩子充满期待。在我看来，如果这些目标并不是父母强加的并且是基于父母与孩子一起去努力的，它本身并没有问题。但问题是，我们很多父母自己做不到却一味地要求孩子去做到，最终事与愿违，甚至导致严重的

—— 校长观点 ——

"如果我们期待自己孩子成为怎样的人，那么首先我们应该努力成为那样的人。"

—— 校长观点 ——

❝ 没有孩子就没有父母，是孩子教会我们如何做父母，父母更是学习者，而不是孩子。❞

后果。我始终认为，知恩行礼的父母，一定会有知书达礼、孝顺的孩子，积极宽容的父母，一定会有人格健全并人际关系良好的孩子。如果我们期待自己孩子成为怎样的人，那么首先我们应该努力成为那样的人。如果说幸福都是奋斗出来的，那么优秀一定是父母和孩子一起努力出来。因此，家庭教育不仅在于言传，更在于身教。但是，无论言传还是身教，还有一个重要的前提，那就是陪伴。因为没有陪伴就不会有发现，没有发现就不会有正确的引导，没有正确的引导，那也就不会成功的家庭教育。陪伴和言传身教也许是家庭教育的全部。

总而言之，为人父母肯定爱自己的孩子，但"爱"也是一种能力。这种能力建立在对孩子身心成长一般规律的认识，建立在对自家那个独一无二的"小冤家"充分的发现，建立在对他 / 她种种不完美的正确的教导和发展的充分支持基础上。学会与孩子一起平等分享自己人生的感悟，分享他 / 她成长中的快乐烦恼。归根到底，孩子要能够深切感受到那份爱，并转化为自己的动力。所以我一直认为，没有孩子就没有父母，是孩子教会我们如何做父母，父母更是学习者，而不是孩子。

问津校长

家　长：徐校长，你怎么看待现在社会办学机构开设的各种思维训练班，如奥数班？你觉得我们应该让孩子去上这类班级吗？

徐　谊：这个问题我相信很多家长心中都有。首先，我认为我们不能简单地去肯定或者否定这类培训。说实话，我孩子当年就参加小学奥数和中学物理竞赛培训，并且是当年上海市中学生物理竞赛队的成员。孩子通过参加这类培训，一是增强了自信，因为培训课程的内容相对学校学科的内容要难，所以两者一比较，孩子会发现学校里的学习相对就轻松了，并且因为与其他区域和学校的同类孩子一起学习，也开阔了视野，提高了合作、交往能力；二是发展了思维，奥数和物理竞赛对孩子的抽象、逻辑、批判等思维要求比较高，通过高强度训练一定程度上能够挖掘孩子潜力，同时知识和能力会迁移，因此它一定程度上也能提升学校里相关学科的学业表现。但是，回顾自己孩子整个的学习过程，我也有深刻的体会，那就是这类培训的成材率真的非常低。绝大部分孩子事实上并不适合，即便付出了巨大的努力，也难以最终站到金字塔尖。所以我想说，作为家长我们要理性地看待这类培训，更要对自己的孩子有充分的了解。如果孩子喜欢，并且越学越自信，越学越优秀，那当然是有益的。反之，就是有害的。不仅这类培训，其他类的培训也如此。家长最要不得的是跟风，是盲目给孩子参加各类培训，不仅累了孩子，也累了自己。

家　长：徐校长，你说孩子的学习方式会深刻影响他的学习结果，那你觉得哪样的学习方式是孩子最需要养成的呢？

徐　谊：学习方式，笼统地来讲，主要分为主动学习和被动学习。首先，我给大家介绍美国缅因州国家训练实验室一个称之为"学习金字塔"的研究成果。他们让孩子采用不同的学习方式去学习，包括听讲、阅读、视听、示范、讨论、做中学、教别人（马上应用）。结果发现，两周后，采用不同的学习方式，孩子记住的学习内容具有显著差异。前四种方式都在30%以下，后三种分别达到50%、75%、90%。显然，前四种都是个人学习或被动学习，而后三种都是团队学习、主动学习或是参与式学习。因此，是被动学习还是主动学习，会显著影响学习成效和学业表现。其次，虽然我们家长不一定从事教育，但我希望大家有空阅读一些教育的专业书籍，而不仅仅是那些育儿的书籍。比如近代有个著名的儿童心理学家，名叫让·皮亚杰。他的儿童认知发展四阶段论，对我们认识孩子身心成长和认知发展的规律，从而以更科学的方式方法开展家庭教育是非常有帮助的。

同伴交往是孩子成长必修课

姚　远

上海市虹口区红旗小学校长，中学高级教师。担任校长岗位近 20 年，曾获上海市园丁奖、上海市"三八"红旗手、虹口区学校领导个人记大功。上海市第四期"名校长名师"培养对象。主持上海市第二期小学语文教材教法研修一体网络课程开发和上海市提升课程领导力——课程共同体建设的实践研究项目。出版了《基于三维目标统整设计的教学行为跟进研究》等书，多篇教育、教学论文在市、区各级刊物发表并获奖。

在联合国教科文组织部 21 世纪委员会发布德洛尔报告《学习：内在的财富》中，曾提出了学习的"四大支柱"问题。该报告的意义在于全面阐述了国际社会对人类未来和学习问题的理解，成为国际社会的一份学习宣言。报告认为，教育的功能是培养人具有适应变革的能力，使人在自己的一生中能够抓住和利用各种机会，去更新深化和进一步充实最初获得的知识。报告中还指出：教育应围绕四种基本学习加以安排，它将成为每一个人一生中的四根"知识支柱"：学会求知（Learning to know）、学会做事（Learning to do）、学会共处（Learning to live together）、学会生存（Learning to be）。

在这里，可以把最基础的两根支柱筛选出来进行提炼，这就是：学会求知、学

—— 校长观点 ——

66 学会求知、学会共处。99

会共处。"学会共处"包含有"学会交往"的含义，就是要学会与他人合作，体现在学会平等对话，互相交流，互相尊重。关注"同伴交往"是十分重要的，因为人并不是孤立的，他生活在群体中，孩子们在家庭、学校乃至今后的社会中，每个人都要学会在各种环境的"磨合""交往"之中找到新的认同，确立新的共识，发展新的自我，它将影响孩子今后成长的整个人生。

—— 校长观点 ——

"关注'同伴交往'是十分重要的，因为人并不是孤立的，他生活在群体中。"

让孩子学会与同伴健康交往，家长自身榜样至关重要

对孩子来说，他们要学会社会交往，应该先从"同伴交往"开始。同伴主要就是同学、邻里伙伴、同龄人，也就是

—— 校长观点 ——

66 当孩子学会'同伴交往'、友善地进行'同伴交往'时，就迈出了人际交往的坚实一步。99

他们除了自己父母、长辈以外最熟悉的人。因为同龄人之间有基本相近的心理状态（有好奇心、想象力丰富、但注意力不稳定不持久）、兴趣爱好（广泛：音乐、绘画、体育、天文、气象、书法）、语言表达（一般 3～4 岁时幼儿虽然已能主动讲述自己生活中的事情，但由于词汇贫乏，表达显得很不流畅，常有一些多余的口头语。4～5 岁能独立地讲故事或各种事情。在良好教育条件下：5～6 岁的幼儿能够大胆而自然地、生动而有感情地进行讲述），当孩子学会"同伴交往"、友善地进行"同伴交往"时，就迈出了人际交往的坚实一步。

人生来就是群居生活的，既然是群居就必然有人际交往，所以有了家庭、有了职场、有了朋友、有了社会。像英国作家笛福笔下"鲁滨孙"这样的人，只是极个别的、阶段性的存在。当鲁滨孙第四次航海时，船在途中遇到风暴触礁，船上同伴全部遇难，唯有鲁滨孙幸存，只身漂流到一个荒无人烟的孤岛上。他运用水手时代训练而来的地理方位标示、天象人文观测、日移与潮汐变化登记法等与大自然搏斗，同时，记录下自己的荒岛生涯，并随时等待时机逃离绝境。从故事主人公鲁滨孙的经历，可以看出他虽然在荒岛上住了

28 年，但一直有强烈的回归社会、群居生活的想法，这也是支撑他生存下去的动力。

所谓交往，就是指人际交往，是由于共同活动的需要而建立和发展起来的复杂、多方面的过程。因此，许多教育有识之士把让孩子学会交往作为教育的重要一课。确实，人在具有个性的同时，还具有社会性，社会性要求人们有人际交往，儿童成长中的重要转变之一，就是交往的范围从家庭扩展到学校和社会。同伴交往是孩子成长的必修课。

它主要包括以下几个方面的含义：

（1）交往是人类特有的存在方式和活动方式。

（2）交往属于人与人之间的社会关系。

（3）交往源于物质生产活动，又不仅仅存在于物质生产活动中，它是以物质交往为基础的全部经济、政治、思想文化交往的总和。

（4）人是交往的主体，交往双方都不仅要承认自己是交往的主体，同时要承认他人也是交往的主体，交往是一种以主客体关系为中介的主体与主体之间的关系。

总的来说，交往就是双方或多方沟通、相互作用、互相信任等多方面的统一。

—— 校长观点 ——

❝同伴交往是孩子成长的必修课。❞

—— 校长观点 ——

" 学会交往就是儿童社会化过程的起步。**"**

儿童学会同伴交往是学习做人的第一步

把儿童学会同伴交往视为学习做人的第一步，是十分在理的。人是社会的人，社会生活的第一课就是学会交往，与他人交往。学会交往就是儿童社会化过程的起步。儿童的社会化是通过学习、交往、模仿等实现的。这些年来，社会是越来越宽松、越来越开放了，偏偏，我们的孩子却越来越呈现自我封闭、自我孤立的迹象。

第一种情况是交往中"退缩型"。

独生子女家庭多，缺少兄弟姐妹交往；现代住房，独门独户，限制了人际交往；有的家长对孩子过度保护，甚至制止与同伴交往；孩子平时以看图书、看电视、上网、玩游戏机等个人玩乐为主，缺少集体娱乐活动，缺少与同龄伙伴的共同玩耍；有的孩子待人冷漠、不关心他人；有的不善于与同学相处，经常闹矛盾，不合群，在同学中被孤立、不受欢迎。凡此种种，无不与孩子不会交往，不善交往，父母又不让孩子健康地与同伴交往有关。

案例1：男孩小A是三年级的学生，很聪明，但不多言语。他大多时间喜欢呆在家里。喜欢一个人独处，极少和周围的小伙伴合作游戏，对其他小伙伴不习惯打招呼。对集体的事情不太关心，值日时只做自己的一份，别人的工作不管。上课时，不举手发言，让他参加小组活动，总是找理由不参加。

小 A 同学这种问题就是交往中的退缩型，这种交往心理问题，大多是家庭养成的，原因来自父母或祖辈。现代家庭，父母大多没有时间多和孩子在一起，就尽量在物质上满足，孩子往往"面壁"做功课、做游戏，孩子独处的时间太多，慢慢就习惯于孤独、静处，很少交往，渐渐造成心理的内向、孤僻，也就不喜欢、不愿意去交往了。

其实，还在交往中出现的这种情况不是在小学里就发生的，孩子的交往从什么时候开始的呢？从一出生就开始了。

我儿子 2 岁时，我要外出培训 2 周，与他第一次短暂又长久地分离。

爷爷奶奶说，不要告诉他，免得他大哭大闹。但我想，今后可能还会碰到此类情况。

我想了想，还是提前如实说给他听。他听后，果然大哭。

我向他解释，出差，是离开家到远方

—— 校长观点 ——

" 孩子比大人们想象的更能接受真相，也比大人们认为的更易选择信赖。前提是，他体会到大人们的真实和爱意。"

办事，办完后就回来的，不是扔下他不管。

他还是哭着说："不让走，不让走。"

但第二天、第三天，在我连续向他重申这个决定和行程后，他最终接受："好，妈妈，你办完事，就快回来。"

此后，每当我要出远门，他没有再哭过，且总要安慰我：

"你办完事早点回来，不用担心我，我会在家好好的。"

其实，孩子比大人们想象的更能接受真相，也比大人们认为的更易选择信赖。前提是，他体会到大人们的真实和爱意。这样温柔而坚定的沟通，会使得孩子很容易接受现实，"父母是爱我的，只是暂时无法满足我"。所以说："不含敌意的坚决，是最好的界限原则。"与亲人的交往方式会影响孩子之间的交往。

以我们虹口区红旗小学为例，我校每年都会举办学前班，主要是让孩子能更好地适应小学的生活。前两天为半天，第三天是一天，在学校里午餐，时间慢慢变长，目的是让孩子有个逐步适应的过程。但我们发现一个有趣的现象——1%现象。每年都会有1%的孩子就是哭啊、闹啊，不肯进学校。问其原因，孩子说，我要妈妈、我要奶奶、我要外婆，看来孩子对母性的依赖成分还是比较大的，因此，家长在交往这方面还是要提前对孩子做好正确的疏导与干预。

第二种情况是交往中"自我型"。

案例2：有次开家长会，考虑到家长下班过来没吃晚饭，班主任李老师就自费给每位到会的家长准备了一份食品，分放在每张课桌上。开会过程中，许多家长只是喝了一些水，没有动桌上的糕点和水果。会议结束时，班主任就建议大家把桌上自己的一份食品带回家去，许多家长都说不用了，留着老师自己吃或给小朋友吃吧！可是，这时坐在一旁随外公一起开会的小陈同学一个箭步冲上来，一双小手揽起了桌上的食品，不仅拿了自己家长的一份，还将旁边家长的几份点心也揽了过来，一把一把往自己的书包里装。小陈同学的外公不以为然，甚至还帮着外孙一起装袋子。其他家长发现了，似乎被这一幕震住了。大家的目光在小陈同学的身上凝固了几秒钟，暗暗地发出了一声叹息。

班主任老师很有感触。她说，这样的学生在班里不多的。这类学生的自私和自以为是，是由于家庭太溺爱了，父母或祖辈处处顺着他们，满足他们的一切，就造成孩子个性品格的严重缺陷，造成交往中

—— 校长观点 ——

"不含敌意的坚决，是最好的界限原则。"

—— 校长观点 ——

" 能注意控制自己的语气，是一门很重要的学问。"

的势利、贪小和自以为是。如果这些缺点不改正，这些孩子的将来几乎不会有真正能够往来的朋友，只能成为交往中的"孤家寡人"。

第三种情况是交往中"攻击型"。

案例 3：有个小 B 小朋友，虽然还是二年级，在同学之间相处时却是"横行霸道"，这里敲谁一下，那里又把谁的文具盒放到地上，活脱是一个"小捣蛋"。小朋友们纷纷告状，都不愿和他交朋友。尽管老师也教育规劝他，可他改正甚少。

这类孩子应该是属于交往中的攻击型。这类孩子的秉性，大多是家长简单的强制性、粗暴型家庭教育造成的。家长对孩子，批评少、好话多；惩罚少，奖励多；管束少，放任多。由于从来不做规矩，结果，这些孩子往往比较任性、霸道、自我中心倾向强、不懂得关心身边的人，不能很好地与同学交往。如果孩子在学校里犯了事、犯了错，家长面对孩子的行为，要么仍然姑息迁就，要么打和骂，反而使孩子的"攻击性"变本加厉，往往这类孩子做事讲话都会十分地冲动。

最近，一则"上海 17 岁男孩因琐事与母争吵，跳高架桥当场死亡"的视频，被顶上了热搜。据说，事情的起因是，儿子在校与同学发生矛盾，当驾驶到卢浦大桥时，她与儿子因此事发生口角，视频中，车水马龙的某高架桥，一辆白色小轿车停在路中央。一个女人下车后又上了车。孩子在一刹那间就突然打开车门跳下大桥……

妈妈的崩溃里，不知饱含了多少后悔和惋惜。而母子发生口角的几秒钟，却要让儿子用性命、妈妈用整个后半生的痛苦来买单。

有人说，父母的语言暴力就像人命收割机，没有超强的心理承受力，根本活不下来。也有人说，现在的孩子，心理已经脆弱到了一定程度，受不了成人丁点管教。可无论哪种情况，孩子对"死"的不在乎，都不是一天两天形成的。从男孩冲向桥边决绝的身影，我们不难推断，这一幕，也许已经在孩子心里预演了千遍百遍。如今，逝者已去，悲剧无法挽回，我们不想评判男孩母亲。而作为父母，我们最该从此类现象中吸取教训，思考在教育中，到底是什么，让孩子走向极端？

由于孩子自身的个性禀赋、家庭教育环境、情绪疏导与管理的方式等，孩子在面对和学会同伴交往时的态度和表现并不相同，这就要从孩子的表现出发，随时注

—— 校长观点 ——

「让孩子学会与同伴健康交往，家长自身言行举止、交往时的语气语态时的榜样作用至关重要。」

—— 校长观点 ——

❝ 中国式家庭，缺的从来不是爱，而是沟通技巧。❞

意教育和引导。而父母的待人接物态度、家人间的交流方式直接影响到孩子的交往能力和方式。试想一个三天小吵五天大闹的家庭中，孩子的心理怎么不会受影响。因此，这是我想讲的第一部分内容：让孩子学会与同伴健康交往，家长自身言行举止、交往时的语气语态时的榜样作用至关重要。

想要好好说话，语气态度是非常关键的。前几天，看到朋友圈有个朋友转发了一则台湾的公益视频，深受感动。工作人员对几组家庭进行了一次真实的测试，看看人们在语气不好时，是怎么伤害到孩子和父母的。

印象很深的是视频中反复出现的那句字幕："因为有爱，每句话都要好好说。"但事实是，在生活中，很多人都习惯了对父母出言不逊，对孩子口无遮拦，对爱人冷嘲热讽，一不注意，就冲着最亲近的人发火。中国式家庭，缺的从来不是爱，而是沟通技巧。孩子回家晚了，可以说："回来这么晚，爸爸妈妈很担心你。"而不是："下次再回来这么晚，就永远别回来了！"丈夫带娃笨手笨脚，可以说："已经不错了，你经验少，慢慢学就好了！"而不是："你眼瞎了啊！这点小事都做不好！"能注意控制自己的语气，是一门很重要的学问，不同的语气所表达出的效果是很不一样的。

交往是一种有心理特征的能力

人际交往本身是具有较高的心理素养和多种心理特征的综合能力，是一种亲近社会的心理品格。

第一，交往能力蕴含着心理素养——沟通力的培养。

一般可以认为，会交往的人的情商往往比较高，所以引导和鼓励儿童学会交往也是在锻炼以情商为底蕴的综合能力。

案例4：小C是低年级学生，独生子，与父母、外公外婆住在一起。家里就这一个孩子，家长对小C的学习抓得很紧，关在家里读书、读书、再读书。对孩子每次测验考试的成绩，从不满意，哪怕考了班级前几名也不会表扬，生怕孩子骄傲退步。在与同学的交往中，有时由于同伴过于热情而被他误解，长此以往，很多同学都不愿意与他交往。久而久之，造成了小C缺乏交往的锻炼，进而造成没有交往的需要与兴趣，更谈不上交往的能力。

因此，家长首先要做的是和孩子多沟通。那么，跟孩子交谈，如何做到有效互

—— 校长观点 ——

❝ 如何做到有效互动呢？这其中包括花时间倾听、等待，有很多时候并不需要直接给答案。❞

—— 校长观点 ——

❝ 在交流的过程中，家长要有足够的耐心。❞

动呢？这其中包括花时间倾听、等待，有很多时候并不需要直接给答案。比如，孩子都喜欢问问题，那么如何回答也有技巧，比如：

孩子：树是怎么长出来的？

妈妈：还记得我们上次种绿豆芽吗？（不直接给答案说"是种子发芽长出来的"。）

孩子想起种豆芽的事：记得。

妈妈：你看，绿豆能发芽，发出芽来还会长出叶子。大树是不是也有叶子？

孩子：是的。大树也是绿豆发芽长出来的吗？

妈妈：不是。绿豆是种子，种子能发芽。昨天你吃苹果是不是看到了苹果籽呀？

孩子：是的。苹果籽也能发芽吗？

妈妈：对啦，苹果籽也是种子，发芽长出来的就是苹果树。不同植物，种子也不同哦。

孩子：那大树是什么种子发芽的呢？

妈妈：那就看是什么树了。

……

通过给孩子提供思考的线索，慢慢启发下来，孩子的一个问题，妈妈就跟他进行了多次对话，还可以发散开去谈论更多。这样的对话就好比打网球，我们要跟孩子发球、回球，多打几个来回。不难看出，在交流的过程中家长要有足够的耐心，要会倾听。

第二，交往品格蕴含的心理倾向——共情力的培养。

但有一种情况网球就难以打下去了，就是孩子有情绪的时候。我们都知道，孩子处理情绪的能力是有限的，因为他们大脑中负责理性那部分还没有发育成熟。有时大人有一些情绪的时候，他也会不愿搭理你啊，更何况孩子。这种处理在心理学上叫共情，就是识别出他人的情绪，再换位思考，理解对方情绪，表示认同，从而做出温暖而理性的反应。

这一步就像打网球时，等待球落到地面弹一下再打回去。

也就是当孩子发来带有生气、委屈等情绪的红球时，我们让红球在地上弹一下，变成绿色了再接。

举个例子，孩子玩到很晚不肯做作业，对家长的催促很反感。这时，我们先描述看到的情绪："我知道催你写作业，你很烦。"或者"嗯，我知道你还想玩。"这样孩子就能感到自己的情绪被大人理解和接纳，会平息一点。

如果不接纳他的情绪，一味指责他、命令他，他会更对抗，或者敢怒不敢言把

—— 校长观点 ——

66 当孩子发来带有生气、委屈等情绪的红球时，我们让红球在地上弹一下，变成绿色了再接。99

—— 校长观点 ——

66 共情式对话，不仅仅是追求和孩子的沟通更顺畅，也是在教孩子高情商地解决问题，是很重要的社交技能。99

情绪压抑下去。但是当处理完孩子的情绪之后，我们可以给孩子回球了。同样要给孩子绿色的球，别把我们的情绪直接发过去，可以不带评判地表达我们的感受。

比如可以说："可是我担心再晚没时间做作业，作业写不完啊。"或者，"你到了作业时间还不写，我很生气。"或者"作业写得太晚，就会晚睡，你明天很难早起。也耽误我的时间。"

总之，只描述孩子的行为，不加指责地告诉孩子他的行为对别人的影响。这也是提醒他注意别人的感受。双方情绪都处理好了，就可以开始解决问题了。孩子说他的想法，家长说家长的想法，商量是马上写作业还是再玩5分钟再写。

如果商量过程中有情绪，仍然是表达：我为什么有这样的情绪，需要如何做才能消除这样的情绪。这种共情式对话，不仅仅是追求和孩子的沟通更顺畅，也是在教孩子高情商地解决问题，是很重要的社交技能。当孩子有情绪了，即使是蛮不讲理，我们大人也要负起更多处理双方情绪的责任。在交流的过程中，重要的不是谁输谁赢，而是借这个机会培养孩子的共情力。孩子平时在学校，将来在职场，处理人际关系都是需要这个能力的。

聆听、尊重与孩子的对话，远远超过那些昂贵教育机构和补习班的效果，而且这也是任何家庭都消费得起的教育。孩子一生中最珍贵的礼物就是父母用心的陪伴，顺畅的沟通，而最好的教育，就在生活的点滴里。

—— 校长观点 ——

❝ 孩子一生中最珍贵的礼物就是父母用心的陪伴，顺畅的沟通，而最好的教育，就在生活的点滴里。❞

"易子而教"促进孩子的交往能力

虹口区红旗小学是上海市少先队工作示范校、上海市家庭教育工作示范校，并申报了《家校合作下小学生"易子而教"互助式家庭教育的实践研究》的市级课题研究。在学校教育中，我们认识到大部分家庭是独生子女家庭，家庭教育难免出现封闭和单一。孩子的社交机会较少，社交能力普遍比较弱，主要表现在不善于控制自己的情绪，缺乏照顾他人的意识以及不太懂得分享等。我们挖掘并利用我国源远流长的传统家教资源，"易子而教"的古训无疑为开展家庭式的"同伴交往"提供了历史借鉴。"易"就是交换，"易子而教"就是把自己的孩子交给别的家庭去教育，新的家庭环境和家庭成员为孩子们提供了与更多"家人"相处的机会，也从中学会了交往。

在具体实践中，我校积极组织和策划，在三至五年级部分班级中开展了"易子而教"少先队教育活动，为孩子成长提供了学会交往的场景和机会。

首先，健康的活动可以促进儿童回归群体，走向合群。

案例5：晚餐过后，小张同学和小赵同学在结伴下楼散步的过程中发生了争执，两人气呼呼地一前一后回到家里，一言不发。这些小赵的妈妈都看在眼里，却没有过问，而是若无其事地拿出了亲自烘焙的小饼干让两个孩子一起吃。他们一起在桌边坐下，看着形状各异的饼干，两个孩子开始讨论起这块饼干像什么，那块饼干造型很有趣。不知不觉中淡忘了之前的不愉快，家里又恢复了笑声。

由接近的需要进而转化为交往的行为，

—— 校长观点 ——

"由接近的需要进而转化为交往的行为，必须借助于一种中介手段，合作式的活动是最适合儿童的。"

必须借助于一种中介手段，合作式的活动是最适合儿童的。当然，不同年龄段的儿童在游戏的方式选择上是不同的。比如，中小学生经常开展的小组学习、集体游戏、生日派对活动、志愿者活动等，无疑是大有益处的。各种形式的活动大大开拓了儿童与同伴之间，儿童与老师之间接触的空间，更加增添了儿童对活动的兴趣，对伙伴的思念。健康的活动是儿童成长和人格养成的催化剂，即使对一些性格内向的儿童来说，活动同样可以促进他们回归群体，走向合群。

—— 校长观点 ——

❝ 学会体谅和照顾，才能成为更受欢迎的人。❞

小赵妈妈用非常智慧的做法面对孩子之间的矛盾，让孩子们自己冷静下来，先处理好情绪，当孩子们平复情绪之后再思考事情本身，就能在非常理智的情况下不带情绪地"就事论事"，从而小事化了。这就是相处之道。

其次，在交往中让孩子体悟对同伴言行的容纳与礼让。

交往中还包含着一种礼仪行为，要有理解与宽容的气度，对于交往中的容纳与礼让的道理的教育，比较好的做法是让孩子自己在生活中感悟与体验。

案例6：小李同学来到了小汤同学家生活，她们还邀请了同班同学小张来做客。

三个孩子一起游戏，小李在游戏中表现得有些强势，非要争个输赢，输了还会不高兴，自己到一边玩不理会小张。小汤的外公告诉小李："这几天你也是我们家的孩子，你和小汤都是小主人，要懂得照顾客人的感受，不能把客人丢在一边。"

通过"易子而教"，家长要让孩子们意识到，自己也是家里的一员，要学会照顾其他家庭成员和客人的感受。那么延伸到班级大家庭中，同学之间的相处也要照顾到对方的感受，不能一味地只在乎自己的喜怒哀乐。学会体谅和照顾，才能成为更受欢迎的人。

第三，在交往中体会同伴间的分享与谦让。

分享与谦让其中包含对他人的理解——移情。我们家长不可能包办孩子的所有思维，家长能够做的事，就是创造情境，潜移默化地施加有益的影响，这样能有助于给孩子留下希望的种子。

案例7：暑假里，小严同学开始了在小杜家为期一周的生活，小杜是个生活自理能力非常强的孩子，而小严这方面能力比较弱。晚上看到小杜在自己洗袜子，小严只能呆呆地在一边看着。小杜的妈妈建议，让小杜教小严，两个人一起洗。吃饭时，

—— 校长观点 ——

" 家长不可能包办孩子的所有思维，家长能够做的事，就是创造情境，潜移默化地施加有益的影响，这样能有助于给孩子留下希望的种子。"

小杜的妈妈更是提醒小杜，多给小严夹菜，喜欢吃的东西都要一起吃。

　　家长有意识地引导孩子，无论是生活经验，还是自己喜欢的东西，比如，看有趣的书、享用食品等，一定要乐于与他人分享。分享是重要的交往之道，也正是在分享的过程中，两个孩子建立起了深厚的友谊。

—— 校长观点 ——

"分享是重要的交往之道。"

"易子而教"带来了怎样的效果

我们学校通过"易子而教""同伴互助苑"等少先队活动，明显提升了孩子们学习交往的积极性，提高了同伴交往、社会交往的能力。

　　案例8：这是学生活动后的感言。

　　我到同学家住了一个星期，交往中，感受到了同学待人接物很有礼貌，态度诚恳，非常热情。那天，我从他们家出来，同学本来在做事情，但是立马放下东西，走到门口，郑重地跟我道别。我平常比较内向，有时都不抬头看着人家。但是我觉得他特意走到家门口送我，我很开心，很温暖，我会珍惜我们的这份友情，并且我也要学会从内心去关心别人，克服自己的腼腆，做到文明礼貌，待人诚恳，热情大方。

案例 9：这是一份"易子而教"家长的收获。

作为家长，我和孩子一样期待着小田同学的到来。一直想看看两个孩子在同一空间长时间地呆在一起会有什么样的火花？随着门铃的响起，"易子而教"开始了。

孩子们玩了遥控越野车，在客厅里规矩地兜了几圈后，两个人明显感到无聊。于是商量出"飞车击球"，谁先玩？都想先来尝试，心里都打着"小九九"，最终还是两人自行协调解决了。作为独生子女的他们平时在生活中很少会遇到需要和别人共享或分享的东西，当碰到时，孩子们能克服以自我为主的意识，懂得与他人相处要相互谦让，懂得遇事要商量协调而不能只顾自己的感受。这时作为家长的我心里感到十分欣慰。

晚餐时间，我让两个孩子学习包春卷。平时在家都是由家长准备好，孩子们只要负责吃就行，自己动手时他们就知道有些看上去很简单的事实际操作起来还是有难度的。怎样把春卷包得既美观又不露馅，是两个孩子不时讨论的话题。最后两个孩子拿着自己包的春卷对比了一下并各自做了标记。吃着自己的"成果"，心里美滋滋的。学校"易子而教"的活动不仅使孩子之间有了更深的了解，也为家长能更好地全方位地了解自己的孩子提供了平台。

案例10：这是班主任老师在《易子而教，共谋教育之路》中的一段。

暑假第一天，小荣同学的妈妈把小陈同学带回了家。荣妈决定这两天的时间，让两个孩子自行安排。而家长作为旁观者，观察两个来自不同家庭的孩子表现。两个孩子不负所望，自己安排了作业时间、游戏时间，阅读时间和作息时间。真别说，同伴的力量还是很大的。陈妈一直说兜兜（小陈小名）学习不够自觉，做作业要考催，假期里起床也比较晚。可是，在这两天里，这些问题完全消失了。他完全跟着小荣的节奏，完成作业。即使小荣妈妈给他们另外安排课外的作业，他也很开心地完成了。第二天，一大早，两个孩子，不用大人叫，就自己起床，拖地搞卫生，很会安排。小荣平时有些挑食，来了小伙伴，也食欲大开。活动结束之前，家长给两个孩子安排了一个聊天环节。两个孩子表达了对彼此的欣赏，小荣希望自己能够在兜兜的感染下，在旁人面前更放得开些，而

—— 校长观点 ——

❝人生的道路从孩提时代启蒙开始，从学会学习、学会交往开始。❞

兜兜则表示希望自己能够再理智些。一次活动，孩子会有这样的发现与领悟，这是两天活动给予彼此的感悟，远胜于家长纸上谈兵的说教。

综上所述，无论学生、家长还是教师，都会真切地体会到同伴交往是孩子成长必修课，学会友善健康的交往，将影响每个人的一生。有一句名言可以用来解读"学会交往"：你有多大多深的交往，就会有多宽多远的发展。人生的道路从孩提时代启蒙开始，从学会学习、学会交往开始。

问津校长

家　长：姚校长，您好！我家的孩子今年即将就读小学。孩子是独生子女，家里十分关心爱护他。但是我们发现，我们虽然在孩子身上倾注了大量的关爱，孩子却十分怕生胆怯，总是害怕与人交往。在幼儿园就读期间，孩子几乎没有朋友，我们为此十分担心。像这类情况，姚校长有没有好办法？

姚　远：家长您好，目前社会上独生子女家庭较多，孩子们缺少兄弟姐妹交往，又由于现代住房，独门独户，更是限制了孩子的人际交往，不少孩子都缺少集体娱乐活动，缺少与同龄伙伴的共同玩耍。孩子们怕生胆怯，其实和孩子们与他人交往过少有关，对此我们需要多多鼓励孩子学会与同伴健康交往。

以我们虹口区红旗小学为例，我校每年都会举办学前班，其主要目的之一就是要鼓励孩子们相互之间增进交往，形成健康的人际关系，帮助孩子能更好地适应小学的生活。同时，我们也发现，当家校紧密合作时，往往能够产生"1+1>2"的效果。家长可在家庭生活中以身作则，多多观察孩子与小伙伴们相处的情况并积极引导，给孩子们示范如何去健康交往，帮助他们建立良好的人际关系。相信就一定能帮助孩子们敞开心扉，改善自身的交往能力，帮助孩子在成长的过程中养成阳光、向上的心态。

让孩子成为守规矩的人

蔡国菊

上海市崇明区实验中学校长，上海市特级校长，少先队崇明区工作委员会委员。先后获得上海市园丁奖、崇明县十大女杰提名奖等荣誉称号，曾当选为上海市第十次党代会代表。

—— 校长观点 ——

" 当今教育不仅要培养和发展学生的个性，而且要培养孩子具备良好的规矩意识。"

孩子是我们的未来，记得鲁迅先生曾经说过这么一段话，"谁塑造了孩子谁就塑造了未来，不仅塑造了自己的未来、孩子的未来，更重要的是塑造了民族的未来"。孩子的教育不仅关乎一个家庭，也关乎一个国家一个民族，因此，无论对于家庭还是国家，孩子的教育问题始终是一个重要问题。孩子的教育涉及很多内容，今天，我想跟大家探讨的是"在重视孩子个性发展的背景下，让孩子成为守规矩的人"。

缺少规矩，后患无穷

发展人的个性是新课程改革的目标，也是社会发展的需要。因此，当下无论是学校还是家长，都越来越重视对孩子个性发展的培养，都尽可能地在学习和生活上给予孩子最大的自由度。由此，不少家长也因此忽略了对孩子遵守规矩的教育，导致孩子的规矩意识薄弱，出现了这样或那样问题。据媒体报道，南京一所小学三年级的一个班级因为有4个小男生非常调皮，在教室后面打闹，吵得老师没法正常上课，导致其他学生家长一起用停课的方式进行抵制。在学校有些孩子上课经常迟到、作业拖拉甚至不交、不遵守交通规则、乱扔垃圾、玩手机打游戏、随意破坏公物、肆意践踏草坪……

最值得注意的是,近年来，"熊孩子"现象频发，他们或在小区停放的豪车上用铁钉写字，或在窑井里丢鞭炮引发爆炸、骑车上高架逆行、玩火烧毁房屋……让人们惊讶于这些孩子这么毫无规矩，为什么

—— 校长观点 ——

" 孩子的教育不仅关乎一个家庭，也关乎一个国家一个民族。"

> ❝ 家长帮助孩子确立规则意识，这才是对孩子未来最大的负责。❞

会做出这样的事情来。仔细想想，从这些孩子身上至少折射出我们对孩子规矩意识的教育与培养还不够，同时在这些孩子身上也反映出我们的规矩教育缺乏成效。

家长应注重孩子规矩习惯的教育培养

德国伟大教育家福禄贝尔说："国民的教育，与其说是操在掌权者手中，倒不如说是握在母亲的手中。因此，我们必须努力启发母亲——人类的教育者。"英国诗人格贝尔说："一个父亲胜过一百位校长。"俄国大文豪托尔斯泰说："没有父亲的先锋榜样，一切有关教育孩子的谈话都将成为空谈。"孩子最初看到的必定是家庭，是父母，可以说家庭教育是根基，是一个人成人的基础。但是，家庭教育对孩子们教育培养什么？怎样培养，教育培养要达到什么标准，这是值得我们深入探讨的。

美国心理学家威廉说过这样一句话：播下一个行动，收获一种习惯；播下一种习惯，收获一种性格；播下一种性格，收获一种命运。也就是说，培养孩子良好习惯，缔造健康人格，比教给知识、技能更重要。

我们都知道：规矩是一个人在这个世

界上畅通无阻的先决条件，是顺利完成游戏的基础,孩子不守规矩与商人经营不守规则的性质一样。规矩是文明的标志，一个社会是否文明,与一公民是否有规矩有很大的关系。因此，在我看来，无论是学校、社会还是家庭都应该重视对孩子规矩意识的教育与培养。规矩，能让我们的孩子知礼、有教养、有底线，这是属于做人和处世的教育。

中国有句老话：没有规矩，不成方圆。如果从小爸爸妈妈没有对孩子进行规矩意识教育，在孩子青少年时期没有培养良好的规矩意识，那么当他开始发展自主观念后，个性将会更突出，不仅孩子的不守规矩的言行给其他人造成许多困扰和麻烦，而且还会对孩子日后的发展带来各方面的负面影响。轻则会使孩子自身的文明素质低下，成绩下降，重则会使其误入歧途，影响一生，其后果是不堪设想的。所以，作为家长，我们应当特别注重孩子规矩习惯的教育培养与形成，这是一个优秀的父母给予孩子的最好礼物。

家长应学会跟孩子谈规矩

法国儿童教育专家马克·雷诺研究特别指出，儿童教育的一个重要因素

—— 校长观点 ——

66 守规则是人生活的基本道德标准，遵守规则的生活会节约孩子的成长成本。99

—— 校长观点 ——

❝树立家长的权威，善于向孩子的'任性'说'不'。❞

是，树立家长的权威，善于向孩子的"任性"说"不"。犹太家庭教育之所以成功率很高，是因为他们很重视从小时候、从小事情给孩子建立家庭规范，比如出门跟家里人打招呼，遇见邻居主动问好，自己的房间自己收拾干净，公用的东西用好后放回原处，遇到需要帮助的人施以援手等。犹太人特别喜欢在游戏中给孩子立规矩、让孩子学家规，这样既可以维护亲子关系，又可以保护孩子的自尊心。而他们对待小孩，往往有两个原则，一是事先约法三章，二是事后毫不妥协。我在网上曾看到过"一个以色列朋友的教子故事"，大致内容说的是：有一天，孩子向妈妈提出要去同学家里，妈妈答应了孩子要求，但同时提出了一个条件：必须在中午十二点前回来。可那天孩子比预定的时间晚了一个小时才到家。妈妈见孩子回来了，什么也没说。孩子不紧不慢地换衣服，然后吃饭，等吃完饭出来，孩子跟妈妈说，我们现在去看电影。因为每到周二他们家都会一起去看电影。这时，妈妈指了指墙上的钟，告诉儿子：今天来不及了，电影是看不成了。孩子明白了一个简单的道理：不讲规则，不懂得守时是要付出代价的。

美国前总统奥巴马也曾和自己的女儿

定下五条规矩：（1）自己的事情自己动手做。（2）每天晚上 8 点睡觉。（3）严格控制看电视的时间。（4）吃健康食品。（5）不打孩子。

电影《老炮儿》折射出老北京人身上延续的那种优越感，他们的优越感里面有一个很重要的根基就是规矩。电影里最打动人的恰恰是这一句台词："没有规矩，不行！"

父母要时常告诫孩子在任何一个场合都要遵守相应的规则，在学校就要守纪律，尊重老师、爱护同学、认真学习。在公共场合不能大声喧哗、不能乱扔垃圾、有秩序地排队、不能破坏公共设施……做父母的，我们要学会跟孩子谈规矩，在规矩中约束规范孩子的言行，让孩子养成守规矩的习惯。

让孩子为自己的行为负责

很多情况下，父母希望自己做的每一件事都能让孩子高兴，但是作为父母必须清楚，父母的态度和标准将影响孩子能否成为一个明辨是非的人，所以，父母

—— 校长观点 ——

❝ 父母要学会跟孩子谈规矩，在规矩中约束规范孩子的言行，让孩子养成守规矩的习惯。❞

—— 校长观点 ——

66 要让孩子明白做错事情带来的后果，以及挽回的方法，而不是要教导孩子如何处心积虑地让自己错得心安理得。99

们必须做一些孩子不愿意接受的决定。我曾看到过一则俞敏洪教育孩子的案例：在他儿子3岁左右的时候，孩子用餐巾纸擦完鼻子往地上扔，俞敏洪回家看到后，要求儿子捡起来，可儿子却故意再扔一张纸。当时俞敏洪也没打他，但由于是冬天，他给儿子披了一件棉袄，把儿子关到了门外，孩子在门外害怕，过了五分钟敲门了。俞敏洪问儿子想干什么？儿子回答回来捡纸。捡起来扔到垃圾箱里面去，从此以后儿子不再往地上扔任何东西。孩子不守规矩的时候，家长不能心软，马上命令孩子实行后果，为自己的行为负责。

电影《老炮儿》里，冯小刚为了救儿子，被小混混打了脸。还了手，对方的头目就出来挑衅。他们的小组织所遵循的原则是：我们打你行，你打我的人，不行。我们社会上也屡次出现类似的家庭教育模式。孩子犯什么错都行，父母会想方设法帮子女减轻罪行。

著名歌唱家李双江之子李天一，为何最终犯罪？因为曾经犯了小错，家长就摆平。孩子的潜意识感觉，我做什么，都没关系。但是，我们每个人活在社会上，做父母的不管教，有学校；离开了学校，还有法律……

孩子做错了事，错了就是错了，别替孩子辩解，更不要把责任推卸给无辜的人，我们要让孩子明白做错事情带来的后果，以及挽回的方法，而不是要教导孩子如何处心积虑地让自己错得心安理得。为人父母，就是要引导孩子培养和遵守规矩意识。

培养孩子守规矩是一个漫长的过程。很多家长在这时候都感到头疼，无论怎么说，劝也好、骂也好、打也好，孩子就是不听。于是乎大部分的家长在这漫长的道路上就开始妥协、放弃，但我们要意识到，对于孩子而言，最初的规则意识是在家庭中建立起来的，所以家长一定不要放弃。

家长朋友们，家乃社会之细胞，家风正，事业兴，民风淳，社会和。正如习总书记所说的：注重家庭、注重家教、注重家风。不论时代发生多大变化，不论生活格局发生多大变化，我们都要重视家庭建设，紧密结合培育和弘扬社会主义核心价值观，发扬光大中华民族传统家庭美德，使千千万万个家庭成为国家发展、民族进步、社会和谐的重要基点。

青少年时期是孩子成长的关键期，性格和习惯的形成都与这一时期的教育密不可分。我们的孩子每天都可能带给我们新的惊喜，但也每天都可能带给我们新的教

—— 校长观点 ——

❝尊重学生个性特征，培养孩子的规则意识是教育赋予我们的责任和义务。❞

育难题。"没有规矩，不成方圆"，只有让孩子从小懂得规矩，长大后才能更好地适应社会发展，才能更好地与人相处。

教育的本质和根本目的是人的社会化，就是要把一个生物人，通过教育转变成一个能和谐地融入社会的人。尊重学生个性特征，培养孩子的规则意识正是教育赋予我们的责任和义务。

问津校长

家　长：现在信息化高度发展，你认为到底该不该给孩子使用手机等
电子产品?

蔡国菊：关于这个问题，一直有着不同的意见。可以说，孩子该不该
使用手机已经成为整个社会的热点话题。"宜"与"不宜"
双方都各执一词。我个人认为，身处互联网发达的当代社
会，家长不给、不让孩子接触或者使用手机等电子产品不太
现实。毕竟随着人们生活水平日益提高和智能手机的普及，
手机等电子产品在我们的学习生活中越来越被广泛使用，手
机已经成为人们日常生活中的必需品。所以让孩子从小对电
子产品有所了解未尝不可以。

其次，这一代孩子注定离不开网络，那么在这个移动互联的
时代，不让孩子使用手机似乎就意味着阻断了孩子们在属于
他们的互联网时代的成长。另一方面，如今身处信息时代的
学生们已不再是"两耳不闻窗外事，一心只读圣贤书"的书
呆子。学生研究性的、探究性的、分层次的学习越来越受到

重视，学习变得更加个性化了，手机及其他电子产品也是孩子的学习工具。

当然，由于孩子年龄小，自控力弱，辨别能力差，不仅容易沉迷于手机游戏，损伤视力，而且孩子的思想、价值观等易受网络游戏文化的影响。因此，对于孩子使用手机等电子产品，我们真正担心的是怕孩子沉迷于电子产品中，害怕孩子有了手机之后玩物丧志。

既然这样，我们不妨一分为二地看待孩子使用手机等电子产品问题，做到疏导、教育、管理相结合。首先在给孩子配备电子产品时定好规矩，如使用的时间、用途、内容等。如将孩子使用手机的时间限定在周六、周日，每次不超过多少时间，不让孩子把课余时间都投入网络里。不将手机带到学校并要求其遵守。引导孩子对网络有正确的使用认知，引导孩子了解网络上哪些东西是可用的，教育孩子不随意添加陌生人为好友，引导孩子分清虚拟世界与现实世界，教导孩子明辨是非和筛选正确价值的信息等。

对于孩子使用手机等电子产品，家长一定要给孩子定好规则，且督促孩子严格遵守。

家　长：孩子语文学习成绩不好，怎么办？

蔡国菊：孩子语文学习成绩不好，我个人认为，首先，家长不妨帮助孩子对语文学习情况做个详细分析，了解孩子语文学习的薄弱点在哪里，这样，辅导起来也好对症下药。其次，分析孩子平时语文学习的习惯，帮助孩子优化语文学习的方法。再次，我建议家长，一是培养孩子阅读兴趣，形成阅读习惯。学好语文，大量的阅读是必须的，家长要给孩子创设一种听说读写的氛围，让孩子多读经典名著。二是加强积累与记忆。想要让孩子语文学得好，那就要掌握好语文基础知识。该背的就要背，该抄写的就要抄写，注重积累。三是加强交流与分享。孩子看完一篇美文一本书，家长要鼓励他进行表述、概括，甚至与孩子一起讨论交流，提升孩子表达、思维能力。四是要抓住契机，让孩子写随感。当遇到一些对孩子影响较大的人、事，或者孩子感兴趣的活动时，建议孩子写下自己的所思所想或者整个过程，提高孩子写作能力。

语文学习成绩的提高并不是一朝一夕的，有一个好的学习习惯和好的学习方法，相信一定能提高孩子的语文学习水平。

家庭教育更需要关注的五件事情

何哲慧

上海市奉贤区教育学院附属实验小学校长，上海市特级校长，全国教育学会小学教育管理委员会理事，曾获全国小学语文教学先进工作者、中小幼基金会全国优秀教师、上海市巾帼建功标兵、上海市 2018 年度新闻人物、上海市星星火炬奖章、上海广播电视台电视新闻中心"专家智库"嘉宾、奉贤区拔尖人才等荣誉。曾作为国家教育部语文专家团成员赴香港指导中文教学工作。编著《班主任工作三十六策》《点燃教育的五十五个故事》《上一堂灵魂渗着香的课》等书。

—— 校长观点 ——

❝ 家长是孩子的第一任老师，也是最重要的老师。❞

大家好！今天想跟大家分享的是我工作30年来和孩子们之间的故事。我讲的题目是"家庭教育更需要关注的五件事情"。

请家长们闭上眼睛想一想你现在最担心孩子什么？很多人会说他们脆弱，抗挫折能力差；只知道做题，创造力差，解决实际问题能力差；太自私，团结协作能力不足等。这些，归根结底还是做人的问题。我觉得家长应做到以下几个层次：第一个层次是舍得给孩子花钱；第二个层次舍得给孩子花时间；第三个层次家长积极思考教育的目标问题；第四个层次家长为了教育孩子而提升和完善自己；第五层次父母尽己所能支持鼓励孩子成为最好的自己，也以身作则，支持孩子成为真正的自己。那么怎么让孩子做好自己呢？先要从我们的家庭教育开始。

让孩子拥有阳光自信的心灵

首先是建立和谐的家庭氛围，夫妻恩爱、尊老爱幼、邻里和睦。让孩子感受温暖与爱，让孩子学会感恩与爱人，让孩子拥有阳光、自信的心理。

夫妻关系影响孩子的性格。一个男人如果不尊重他的妻子，那么，他的儿子就学会了在学校不尊重他的女同学。一个女人如果不尊重她的丈夫，那么，她的女儿就学会了在学校瞧不起她的男同学。如果父母对自己的邻居不满，对孩子的小伙伴也十分挑剔，或者不让自己的孩子和他们交朋友，这些孩子长大以后就很难与任何人自然地相处。

—— 校长观点 ——

❝ 怎么让孩子做好自己呢？先要从我们的家庭教育开始。❞

—— 校长观点 ——

❝ 建立和谐的家庭氛围，夫妻恩爱、尊老爱幼、邻里和睦，让孩子感受温暖与爱，让孩子学会感恩与爱人，让孩子拥有阳光、自信的心理。**❞**

我做过一系列采访，我们学校家委会主任就是其中一个被采访者。他列举了家庭教育最重要的三条规则，其中一条就是：要和善待人，礼貌待客。他给我讲了这样一个故事，在他女儿刚入学的时候，有一次家里来客人，她只顾自己玩 iPad，对客人视而不见，客人在的时候给她面子没说，客人走了之后，他立马虎着脸把女儿叫到身边，不和她说一句话，让她"面壁思过"十分钟，让她把自己做错的地方以及今后的整改方向在面壁的过程中在脑子里整理成文。经过这次事件后，每每家里来客人孩子必大声招呼出门迎接及礼送，还帮着父母做一些招待工作。我觉得这就是一种非常和谐、有爱的家庭氛围。

一个有爱的家庭是一个互相表达爱的地方。我们中国人好像很难大胆地表达对爱人的爱，对孩子的爱。我觉得我们要善于表达，比如对老公说，我爱你，你辛苦了！孩子就觉得爸爸妈妈是很恩爱的，他是很安全的。比如在孩子的生日，我们大声说，宝贝，祝你生日快乐！回馈给妈妈的可能会是，妈妈，谢谢你给了我生命。这样的祝福是非常有意义的，我们生活当中应该要充满这样美好的仪式感。

我想起了一个单亲妈妈，孩子刚刚入

小学的第一个月，她的丈夫突然得了疾病过世了，一个家庭天都要塌下来了。在那样的时刻她依然每天早上送儿子到学校门口，儿子跟妈妈说："妈妈，我爱你"。她跟儿子说："儿子，加油！"天天如此。她还鼓励孩子多多参加集体活动。这个妈妈给孩子的是满满的正能量，她让孩子知道，妈妈一直在身边。因此这个孩子也特别阳光，在各方面都成长得非常好，现在已是一名高中生了。

一个有爱的家庭还会互相认错。电视剧《家有儿女》是有三个孩子的重组家庭，一天夏东海爸爸因为工作没完成，整个人都处于焦虑赶稿状态，两个儿子在抢厕所时发生了矛盾，小雨气急败坏地把尿撒在刘星的床单上。正在烦躁工作的夏东海，把火气全撒在了小雨身上，罚小雨去洗床单。在处理好工作后，察觉到了自己的失态，晚上主动给孩子道歉。穿着白天被小雨无意洗坏的床单，头上戴着花环，唱着儿歌说明自己发火原因，不推卸责任，诚恳地给孩子们道歉。人总会有脾气，会犯错，父母也一样，但正确的处理方式，能让父母和孩子一同成长，在其中收获耐心、共情能力、沟通技巧……

一个温暖的家庭中，家长还要学会情

—— 校长观点 ——

❝一个有爱的家庭要大胆地表达爱，一个有爱的家庭也要勇于互相认错。让孩子在与父母共同成长的过程中，收获耐心、共情能力、沟通技巧。❞

—— 校长观点 ——

❝ 坏情绪的传递，对孩子具有非凡的杀伤力，家长要学会情绪管理，让正能量充盈家庭，让孩子树立积极阳光的心态，遇到困难有正向思维的习惯。❞

绪管理，让正能量充盈家庭，让孩子树立积极阳光的心态，遇到困难有正向思维的习惯。大家听说过"踢猫效应"吗？一位父亲在公司受到了老板批评，回到家就把在沙发上乱跳的孩子臭骂一顿，孩子心里窝火，于是狠狠地踢了一脚身边的小猫，猫咪愤怒地逃到大街上，刚好过来一辆卡车，卡车司机为了避让猫，却把旁边的小孩撞伤了。像这样，人的坏情绪会随着社会关系链条依次传递，而地位最低的弱者就往往成了受害者。我们总觉得家是最温暖的港湾，可以包容自己的一切不好。所以，有时我们会把自己工作、生活、情感上的不良情绪发泄在孩子身上。殊不知，这些坏情绪的传递，对孩子具有非凡的杀伤力。特别是当孩子受挫了，本身已经很焦虑自责，家长的质疑只会火上浇油。及时关心孩子的状态，先疏导好孩子的负面情绪，积极解决问题才是关键。

在这里我要讲一个最近发生的感人的故事。赵女士丈夫在北京，自己一个人带着两个女儿，两个孩子都非常优秀，大女儿已经成为少年作家，小女儿的第一本书也出版了。她家的一条家规就是：人生就是不断地面对一个一个困难，努力去解决。我跟她接触的十年来她就是这样以身作则的。

今年小女儿即将毕业了，这个热心的妈妈在班级群里发动家长参与孩子毕业照的拍摄，当然要出一些费用的问题。当时这个家长做了几套方案，全班民主选择，结果全班家长表示愿意参加。想不到过了几天，有一个电话举报她，意思绑架了一位其实心里不想拍的家长。我与她联系是否要考虑放弃，她竟然一点不生气，乐呵呵地说是自己的工作不够细致，她说觉得一定不能让期待已久的孩子们失望，问题一定会圆满解决的。

在她的策划下，一场免费又特别圆满的班级毕业典礼举行了。她自费买一个大蛋糕，写上了全班孩子的名字，拉来了两位爸爸摄影、摄像，尽管没有专业的拍得好，但是留下有意义的纪念。所有的孩子都哭了，好多家长没有位子就站在窗外，感动得潸然泪下。这位妈妈面对别人质疑的时候没有退却，用更好的办法给予所有的家长正能量，教会所有的孩子学会懂得感恩。

家长要发现并尊重孩子的兴趣爱好，让孩子在特长中找到快乐与自信。我以前做语文老师的时候，班上有一个男孩子写字有障碍，但是他运动能力很强。有一天

—— 校长观点 ——

66 做孩子最好的榜样——人生就是解决一个又一个问题。99

— 校长观点 —

66 家长要善于发现孩子的兴趣，鼓励并支持他在特长中找到快乐与自信。99

爸爸带他去动物园玩，发现他骑马的时候马儿显得特别乖巧。爸爸是一个外来打工的，条件不是很好，但是他没有用存款买房子，而是花了 70 万让孩子去学马术，现在他成了一名国家马术运动员。这位家长尽管自己没什么文化，但是他发现了儿子的兴趣，并积极支持儿子的特长。我们每个家长不要拿孩子最短的地方跟别人最长的地方去比较，要善于发现孩子的兴趣，鼓励并支持孩子在特长中找到快乐与自信。

让孩子拥有独立思考的头脑

要给孩子创设自我选择的空间，在选择中培养明晰的思辨力。"你想报什么兴趣班?""我回去问下爸爸妈妈。"这是如今不少孩子普遍的问题，没有主张，凡事都听父母。为孩子操碎了心的父母，一切包办，代替他们做任何决定。在父母看来，孩子自己做的决定不靠谱。这样的孩子只会变成"社会巨婴"，让孩子自己做决定，是父母最大的爱与智慧。

我印象特别深刻的是，有个学生我给他一个称呼叫"地理小达人"，现在已经读了重点高中了。这个孩子的妈妈是一个幼儿园老师，她特别懂教育。从小学四年级开始，每个假期他妈妈总会交给他一个小任务——请他为全家设计一个亲子游，从了解风土人情到确定旅游地，从制定旅游攻略到选择住行，在日渐成熟的旅游攻略中激发思考探究的欲望，学能致用、学为所用，更激发了他努力学习的强烈愿望。

要鼓励孩子勇敢地去尝试，在过程中家长要有容错的涵养。那么怎样做一名优秀的家长呢？"地理小达人"刚开始做旅游攻略的时候也有错误，安排的景点玩不完，订的宾馆错过时间，等等。但是妈妈从来不生气，一次次鼓励孩子，让他在一次次细小的选择、承担和纠错中学习独立。这名孩子就是通过一次次旅行，学会了规划、安排、生活，还学会了许多人文地理知识，并立志将来做一名地质研究者。"我觉得家长要给孩子创设自我选择的空间，在选择中明晰方向。"

如果孩子不会为自己做决定，那他们就没办法真正长大。选择错不可怕，重要的是在错误中学会识别和自我纠正。而独立，就是从一次次细小选择、承担后果、纠正错误过程中习得的能力。鼓励孩子勇敢地去尝试，在过程中家长要有容错的涵养。

—— 校长观点 ——

" 让孩子自己做决定，是父母最大的爱与智慧。"

让孩子拥有勤于劳动的双手

在家庭中让孩子有岗位，在参与中让孩子感受到家庭小主人的职责。最近网上很火的"3岁孩子'打脸'31岁男孩"的新闻应该给我们很多警醒。一个可爱的3岁小男孩在磕磕碰碰中自己去超市购物、自己烤鸡腿、倒牛奶、插花装盘，就是要给妈妈做一顿美味的午餐。一名31岁男子因伪造驾驶证，被交警大队抓到处罚。当其父母听到儿子要"罚款5000元、行政拘留15日"时，对着交警大叫："太过分了，你们为什么要罚他这么重？我儿子才31岁，他还是个孩子啊！"这对父母的反应让人哭笑不得。

我从小教育女儿有一个非常好的办法，就是互换角色日，每当双休日的时候就是我们的互换角色日。我会跟她说妈妈想吃鱼，她就去菜场买。现在她结婚了，我们工作都非常忙，她就会说："妈妈你下班了如果没人做饭到我这里来吃吧。"我觉得这是自理能力，

更是一种责任心，在劳动当中学会一种创造，更是一种爱的教育。

作为家长要积极支持孩子服务于班级、学校、社会，在劳动中磨练意志、培养责任、学会创造。我们学校的孩子在班级里都有一个属于自己服务的小岗位，眼操小医生、桌椅小管家、空气清新员，每一个岗位都是棒棒哒！

我校有一个男孩子的妈妈据说以前天天睡懒觉，现在听到闹钟就像弹簧一样跳起来。因为她的孩子做了班级掌门人，每天都要来开门。他很自豪，也很珍惜自己的岗位，这就是责任心。

绿马甲服务队是学校里一道亮丽的风景线！每天他们活跃在校园内里，食堂管理、图书借阅、节目录播，他们在自己的小岗位上用心地为全校师生服务着。更不容易的是，节假日他们还在社区活跃着，暑假最高温的日子里，他们做了冰镇绿豆汤给环卫工人送去慰问，还和叔叔阿姨们一起劳动，为创建文明家园做出我们的贡献，这就是最有意义也最暖心的活动。

劳动对孩子来说也是非常重要的，2019 年全国卷的高考作文题目就是《劳动最光荣》，在将要来临的暑假，家长要放手孩子，在家为孩子设立岗位，如取牛奶、

—— 校长观点 ——

"家长要积极支持孩子服务于班级、学校、社会，在劳动中磨练意志、培养责任、学会创造。"

—— 校长观点 ——

"一个和谐的家庭一定有运动的习惯，创设浓厚的运动氛围，让孩子养成运动的兴趣，掌握一门最熟练的运动技能。"

拿报纸、洗衣服，也要鼓励孩子走进社会参与一次公益活动。劳动当中培养的品性是其他很多地方难以比拟的。

让孩子拥有矫健运动的体魄

一个和谐的家庭一定有运动的习惯，创设浓厚的运动氛围，让孩子养成运动的兴趣，掌握一门最熟练的运动技能，同时广泛涉猎其他运动。研究表明身体的活力能够带来精神的活力，身体好的人，性格阳光，身体不好的人，做事犹犹豫豫，躲躲闪闪，说话吞吞吐吐。

这里我讲一个游泳改变孩子的故事。这个孩子现在已经在宾夕法尼亚大学读书了。我记得 2009 年她从市区一所名校转学过来，她在原来学校读到二年级，父母觉得孩子跟不上，老师也劝退，孩子因此没有了自信。来到我们学校以后，游泳课上教练发现孩子的身体素质很适合游泳，就让她参加校队，结果她拿了市游泳赛的金牌。孩子一下子就有了自信，成绩也慢慢变好了，后来又考了一个好的中学，现在已经是一位漂亮、阳光的宾夕法尼亚大学学生了。

良好的家庭教育还需要重视亲子运动，

尤其是父亲和孩子之间的互动。父亲是培养孩子养成运动习惯的重要角色。我们都说孩子是看着父亲的背影长大的，父亲的行为会影响孩子一生，人不会被他人的说教感动，只会被别人的行为引领。刚才说的"地理小达人"一家三口从来不追剧，每一个双休日爸爸必须跟儿子打篮球、踢足球，一周里一家人必须徒步 5 公里，徒步是凌晨后进行的，日出之前开始徒步，孩子从不睡懒觉，很有毅力，孩子身体也特别健壮。

这里我想讲讲我们学校的爸爸。每个月我们学校都会举办"爸爸俱乐部"的活动，大受孩子们的欢迎。记得举办世界杯的时候，"爸爸俱乐部"举办"小小世界杯，老爸带我飞"的足球比赛。这场足球比赛之后有一个父亲来到我办公室。他是一个企业的老总，他跟我说原来以为工作是最重要的，参加爸爸俱乐部以后跟儿子的距离一下子就拉近了。原来儿子总是不愿意跟父亲说话，但是那天儿子抱着父亲说"爸爸，我爱你"，这个大男人眼泪就下来了。我们的孩子是多么渴望跟爸爸一起在阳光下驰骋，在草地上奔跑啊！所以我们应该要全家总动员，爸爸做好一个引领的角色，让孩子拥有健康的体魄和心灵。

—— 校长观点 ——

❝ 父亲是培养孩子养成运动习惯的重要角色。父亲的行为会影响孩子一生。❞

—— 校长观点 ——

❝ 从点滴小事中有意识培养孩子美的鉴赏能力、美的创造能力。❞

让孩子拥有欣赏美的眼睛

当今的时代已经是一个物质丰富的时代，所以我们更要追求的是精神的丰满，灵魂的有趣。父母也要注意增加自己的艺术涵养，要给孩子美的家庭氛围的熏陶。

有一个平时比较邋遢的女生，平时头发像鸟窝，走路歪歪扭扭，说话故意嘟哝着，就是让老师听不懂。一次，因为升旗仪式节目的需要，她编了小辫子，化了妆，穿了漂亮的裙子，所有孩子都惊叹原来她这么美，老师也称赞她漂亮。结果这个女孩子一整天的状态都好好。她竟然清清楚楚地对老师大胆表达："我毕业了以后还会回来看你们的。"所以，美的语言，美的行动，美的外在形象都是非常重要的。

从点滴小事中有意识培养孩子美的鉴赏能力、美的创造能力。我们更要鼓励孩子走出去，去发现美，去鉴赏美，才能够创造美。家长要带着孩子去听听音乐会，去参观博物馆等。这个学期，我们二年级开展了研学活动，有一个班级研究的是京剧。短短两个月时间，孩子们自己去拜访京剧的名家，去京剧的博物馆参观，去查相关资料，去学唱京剧。学期结束展示的时候，每个孩子上台表演京剧居然有模有样，说起京剧博大的文化也是如数家珍，令人叹为观止。

我们要培养孩子美的鉴赏力和创造力，因为他们是未来的公民。而美的种子是从小耳濡目染的，是需要从小浇灌的。未来的公民必定是精神高贵、心灵丰富、生活有情趣的，他不仅仅是"生"，不仅仅是"活"，而是真正的有品质的"生活"。

家庭教育是一场父母与孩子的相互成全，是"根"的教育，"心灵"的教育，只有"根壮""心灵好"，状态好，才能"枝粗叶肥"，这恰是"庄稼养根，育人养心"！而心、脑、手、身、眼都是相通的，也是相互作用的，最终指向的是孩子健康、快乐，指向的是未来幸福的人生！

—— 校长观点 ——

❝家庭教育是一场父母与孩子的相互成全，是'根'的教育，'心灵'的教育，只有'根壮''心灵好'，状态好，才能'枝粗叶肥'，这恰是'庄稼养根，育人养心'！❞

家　长：何校长，我家的孩子语文成绩一直提高不了，您能给我们一些建议吗？

何哲慧：我一直觉得语文是"中药"，讲究的是慢慢滋养，厚积薄发。一个热爱阅读的孩子语文肯定错不了，当他的阅读和写作实践达到一定量的时候，他会一下子成为一个很会说话，很会阅读，语文比较优秀的孩子。

一个家庭要有阅读的习惯，比如双休日带着孩子去逛书店，或者经常购买想要阅读的书，跟孩子共读，或者和孩子按书中内容进行角色扮演等。长此以往，孩子就会越来越爱阅读。一个爱看书的孩子不会怕语文，会有厚积薄发的一天。

此外，要勤于写作实践。"看"是接纳，"写"是倾吐。孩子的成长有一个口头表达转化为书面表达的过程。如果你的孩子还很小，先从口头交流开始。有些妈妈说，等会要写作了，我们去动物园吧。这种任务性的写作孩子是不喜欢的。

问津校长

如果在和孩子散步的时候，让孩子学会观察、想象。天上的云像什么啊？一会变成一只狗，一会变成一只公鸡，现在变成一只骆驼了。让孩子把看见了什么录下来，其实这就是口头作文。会写字了，把录下来的用笔写下来，这就是书面作文，这就是口头表达到书面表达转换的过程。

家　长：对于您说的慢慢积淀、培养兴趣，作为一个家长我有点苦恼，因为我问孩子喜欢什么，他说什么也不喜欢，只喜欢玩。这种情况下，我该如何挖掘他的兴趣并培养它呢？

何哲慧：其实喜欢玩也是他的兴趣，问题是他玩什么，玩出一个固定点的特长。先让他涉足不同的领域，因为孩子毕竟还小，兴趣点不可能固定，你不能限制他，就让他接触不一样的玩，玩剪纸、玩机器人等。你要做的是观察他哪方面玩得时间长，专注力比较好，玩哪方面的时候领悟比较快，或者同样是玩，哪个玩得最好。人是多元智能的，有些孩子擅长运动，有些孩子有语言天赋，有些孩子喜欢逻辑思维，有些孩子更爱动手，让他自己选择。什么都去尝试一下，并让他从中试着挑一样，慢慢就会发现他的兴趣点在哪里了。

实际上兴趣也是要培养的，"钢琴王子"郎朗从小就有音乐天赋，但在他学琴的道路上也因为太辛苦想过放弃。要读懂这个行为背后的心理就是怕吃苦。在那个点上作为家长要推孩子一下。郎朗的父亲就一直在身边鼓励他，从未想过放弃，最终郎朗成了全球知名的钢琴家。

有些家长说孩子什么都不喜欢，一种可能是学得不是很好，被批评过了，受到伤害了；还有一种可能是他比同伴差，没信心，有一种拒绝的心理。把兴趣变成特长是需要毅力与坚守的，需要家长适时地逼孩子一下，并与他一起度过这个阶段。家长不仅要有一双慧眼，让孩子在不同的玩中鉴别哪个比较适合他。而且在孩子玩的时候，父母还要做一名旁观者、引导者，发现了孩子的特长后，更要做一名管理者，不要让他跑偏了。

后　记

　　自 2018 年下半年以来,"让孩子成长得更好"名校长公益大讲堂已经又成功举办了两季,邀请到长三角地区 17 位知名校长登台开讲,为青年家长解疑释惑,把平和理性的教育理念传递给家长,也传递给全社会。校长们所带领的学校,社会美誉度、家长认可度都较高,他(她)们的教育思想、教育方法、实践案例,对于家长而言很有启发、很有共鸣、很有说服力。随着名校长公益大讲堂的社会影响力不断扩大,许多无法到现场聆听的家长,纷纷表达了希望通过书面形式了解校长真知灼见的心愿。

　　为了更好地满足广大家长的迫切需求,在全社会传播、倡导先进的教育理念,缓解家长中间普遍存在的教育焦虑,在共青团上海市委员会、少先队上海市工作委员会、上海市少先队工作学会的指导下,本书顺利付梓,与广大家长读者见面。

　　在这里,要诚挚感谢共青团上海市委书记王宇同志倡导、支持、推动名校长公益大讲堂的成功举办,并为本书作序;感谢上海市少工委主任赵国强同志指导名校长公益大讲堂的筹办和本书的编纂工作;感谢浙江、江苏、安徽三省少工委大力协助;感谢 17 位校长大力支持实录的编辑出版;感谢共青团上海市委少先队工作部、上海市青少年研究中心、青年报社；感谢何婷婷、杨江丁、柳咏、刘忠研、陆旭泽、乔晓蕾、王丹青、肖寒、元琴、周胜洁和上海人民出版社社长王为松、学林出版社楼岚岚、胡雅君等为本书编辑出版所作的工作和贡献。

敬请各位读者对本书提出宝贵意见，并继续关注名校长公益大讲堂的持续举办。

"让孩子成长得更好"名校长公益大讲堂项目组

2019 年 7 月

图书在版编目(CIP)数据

让孩子们成长得更好. 第2辑. 长三角名校长公益大
讲堂实录/共青团上海市委员会,少先队上海市工作委
员会,上海市少先队工作学会编. —上海:学林出版社,
2019.8
ISBN 978-7-5486-1545-3

Ⅰ.①让… Ⅱ.①共… ②少… ③上… Ⅲ.①中小学
教育-文集 Ⅳ.①G63-53

中国版本图书馆 CIP 数据核字(2019)第 150070 号

责任编辑 楼岚岚　胡雅君
封面设计 张志凯

让孩子们成长得更好
——长三角名校长公益大讲堂实录(第2辑)
共 青 团 上 海 市 委 员 会
少先队上海市工作委员会 编
上 海 市 少 先 队 工 作 学 会

出　　版　**学林出版社**
　　　　　(200001　上海福建中路 193 号)
发　　行　上海人民出版社发行中心
　　　　　(200001　上海福建中路 193 号)
印　　刷　上海雅昌艺术印刷有限公司
开　　本　890×1240　1/32
印　　张　9.375
字　　数　23 万
版　　次　2019 年 8 月第 1 版
印　　次　2019 年 8 月第 1 次印刷
ISBN 978-7-5486-1545-3/G・597
定　　价　58.00 元